चचा छक्कन के छक्के

सात लघु हास्य-व्यंग्य नाटक

संजीव निगम

वाणी प्रकाशन

वाणी प्रकाशन
4695, 21-ए, दरियागंज, नयी दिल्ली 110 002
फ़ोन : +91 11 23273167 फ़ैक्स : +91 11 23275710
शाखाएँ
अशोक राजपथ, पटना 800 004, बिहार
कॉफ़ी हाउस कैम्पस, महात्मा गांधी मार्ग, इलाहाबाद 211 001, उत्तर प्रदेश
महात्मा गांधी अन्तरराष्ट्रीय हिन्दी विश्वविद्यालय, वर्धा 442 001, महाराष्ट्र
सुल्तानिया रोड, मोतिया पार्क, भोपाल 462 001, मध्य प्रदेश
www.vaniprakashan.com
marketing@vaniprakashan.in
sales@vaniprakashan.in

Chacha Chhakkan Ke Chhakke
by Sanjiv Nigam

ISBN : 978-93-5518-384-2
Satire Play

प्रथम संस्करण 2022

मूल्य : ₹ 299

आर. टेक ऑफ़सेट प्रिंटर्स, दिल्ली-110 032 में मुद्रित

वाणी प्रकाशन का लोगो मक़बूल फ़िदा हुसेन की कूची से

अपने मन की बात

साहित्यिक विधाओं में नाटक लिखना एक बड़ा चुनौतीपूर्ण कार्य है। नाटक एक ऐसी विधा है जो सिर्फ़ लेखक और पाठक के बीच की रचना नहीं है बल्कि प्रस्तुतीकरण के स्तर पर निर्देशक, अभिनेता, रंगमंच नियन्त्रक, प्रदर्शन–स्थल आदि कई अंगों का भी इसमें योगदान रहता है। नाटक मंचन को ध्यान में रखकर लिखा जाता है। लेखक तो अपनी क़लम और कल्पना से नाटक को रचता है। जब पाठक उसे पढ़ता है तो अपनी कल्पना से उस नाटक को अपने अन्दर मंचित करता है। मंच उसी नाटक को निर्देशक की कल्पना–शक्ति, अभिनेताओं की अभिनय–क्षमता से प्रदर्शित करता है। इन सबकी कल्पना–शक्ति से नाटक की अपनी–अपनी प्रस्तुति कुछ भिन्नता लिए हो सकती है। पाठक ने उस नाटक को कैसा सोचा, यह बताना तो मुश्किल है किन्तु मंच पर होने वाली प्रस्तुति देखी जा सकती है। वहाँ कई बार ऐसा होता है कि निर्देशक और अभिनेता कुछ ऐसे आयाम जोड़ देते हैं जो लेखक की नज़र में भी नहीं होते हैं। इसी के साथ कई बार ऐसा भी होता है कि उनकी नासमझी से अच्छा ख़ासा नाटक बिखर जाता है। नाटक अपने आप में एक जीवन्त विधा है। हास्य रस जीवन का एक प्रमुख रस है जो जीवन को जीवन्त बनाये रखता है। हास्य रस के महत्त्व को भरत मुनि ने भी पहचाना था इसीलिए उन्होंने नाटक के दस प्रकार बताते हुए उनमें से एक 'प्रहसन' भी रखा था। प्रहसन यानी हास्य प्रधान नाटक। आज भी हम देखते हैं कि टीवी सीरियल के इस युग में हास्य धारावाहिकों की बड़ी लोकप्रियता है।

जब रेडियो पर नाटकों का दौर था तब भी लघु हास्य नाटक जिन्हें झलकियाँ भी कहा जाता है उनका काफ़ी प्रसारण होता था या अभी हो रहा है। अपने समय में आकाशवाणी के 'हवा महल' कार्यक्रम की लोकप्रियता में इन झलकियों का काफ़ी हाथ रहा है। इस संग्रह में दिये गये 7 लघु नाटकों में से 6 मूलतः रेडियो के लिए लिखे गये प्रहसन ही हैं जिनका प्रसारण भी हुआ था। पर उनमें मंचन की सम्भावना देखते हुए कुछ निर्देशकों ने उनका समय–समय पर मंचन किया जो काफ़ी सफल रहे। उनमें से कुछ निर्देशक और कलाकार बिल्कुल नौसिखिया थे पर उन्हें सम्बन्धित लघु नाटक की स्क्रिप्ट में इतना मज़ा आया कि उसका मंचन कर डाला जिसका दर्शकों ने भी भरपूर आनन्द लिया था। उसी से प्रेरणा मिली कि इन लघु नाटकों में आवश्यक परिवर्तन करके इन्हें मंच के लिए तैयार कर दिया जाये। इनमें से 'नो एडमिशन' लघु नाटक मुम्बई विश्वविद्यालय के बी.ए. हिन्दी, पाठ्यक्रम में 2021 से लगाया गया है। सभी नाटक किसी–न–किसी सामाजिक मुद्दे को लिए हुए हैं। उम्मीद है कि ये लघु नाटक अनेक अवसरों पर मंचन के लिए आवश्यक मृदुल हास्य वाली प्रस्तुतियों के लिए सहायक साबित होंगे।

–संजीव निगम

अनुक्रम

नो एडमिशन

(दाख़िला नहीं मिलेगा)

पात्र–परिचय

रेखा : आयु 27–28 वर्ष, पत्नी

विनीत : आयु 30 वर्ष, पति

प्रिंसिपल (महिला) : आयु 45–50 वर्ष

लाला बनारसी दास : आयु लगभग 65 वर्ष, बुज़ुर्ग

दृश्य एक

(एक ड्राइंग रूम ज़ो ख़ाली है। पर्दा खुलने के साथ दरवाज़े की बेल बजती है। पार्श्व से रेखा की आवाज़ आती है)

रेखा : ज़रा रुको, आ रही हूँ...

(बेल ज़्यादा ज़ोर से बजती है। रेखा विंग्स में से एक तरफ़ से तेज़ी से आती है)

रेखा : अरे! रुको ये दरवाज़े की घण्टी है, फ़ायर ब्रिगेड की गाड़ी की घण्टी नहीं है जो बिना रुके बजाये जा रहे हो।

(विंग्स में दूसरी तरफ़ जाती है। दरवाज़ा खोलने की आवाज़। रेखा वापस लौटती है, उसके पीछे खुशी से चहकता विनीत आता है। हाथ में एक फ़ार्म और दो किताबें हैं।)

विनीत : मिल गया, रेखा मिल गया, मार लिया मैदान। मैं ले आया...मैं ले आया...

रेखा : हाय! सच्ची? सच में ले आये!

विनीत : हाँ, हाँ ये देखो, ये रहा हाई फ़ाई पब्लिक स्कूल में एडमिशन का फ़ॉर्म।

रेखा : सच, विनीत! मुझे तो अपनी आँखों पर विश्वास ही नहीं हो रहा है, आप हाई–फ़ाई पब्लिक स्कूल में एडमिशन का फ़ॉर्म ले आये। ओ विनीत, आज मुझे जितनी खुशी हो रही है उतनी तो नील आर्मस्ट्रांग को चाँद पर क़दम रखते वक़्त भी नहीं हुई होगी। हमारे सोनू को वहाँ नर्सरी में दाख़िला मिल सकेगा।

विनीत : ज़रूर मिल सकेगा...रेखा ज़रूर मिल सकेगा।

रेखा : ओ विनीत, अपनी शादी के बाद से पहली बार, आज पहली बार मुझे आप पर गर्व महसूस हो रहा है। आपने वो काम कर दिखाया है जोकि मेरे आई.ए.एस. अधिकारी जीजाजी भी अपने बच्चों के लिए नहीं कर सके थे।

विनीत : अरे इसीलिए तो मैं रात को ही स्कूल के आगे लेटने के लिए चला गया था ताकि जैसे ही सुबह हो तो मैं लाइन में सबसे आगे होऊँ।

रेखा : इधर मैं भी पूरी रात भगवान से आपकी सफलता के लिए प्रार्थना करती रही थी।

विनीत : पर, पता है रेखा रात को जब मैं दरी, चादर और टिफ़िन लेकर स्कूल के गेट के सामने लेटने के लिए पहुँचा तो क्या देखा?

रेखा : क्या?

विनीत : वहाँ तो पहले से ही सौ से ज़्यादा लोग लाइन लगाकर लेटे हुए थे।

रेखा : हैं!

विनीत : हाँ, बड़े–बड़े अफ़सरों, डॉक्टरों, व्यापारियों, यहाँ तक कि पुलिस के अधिकारियों ने भी, अपने बच्चों के लिए नर्सरी का एडमिशन फ़ॉर्म लेने के लिए अपने गुर्गों को रात को ही स्कूल के आगे लिटा दिया था और सुबह चार बजे से ही वे सब लोग अपने गुर्गों को हटाकर खुद लाइन में लग गये थे।

रेखा : सुबह चार बजे से ही!

विनीत : और क्या? हर समय एयर कंडीशन कमरों में रहने वाले और एयर कंडीशन कारों में घूमने वाले ये बड़े–बड़े लोग उस लाइन में हमारे जैसे मिडिल क्लास लोगों के साथ खड़े हुए थे और लाइन में

अपनी जगह की रक्षा के लिए इतने अलर्ट कि क्या मजाल जो कोई मक्खी भी आगे निकल जाये। जब स्कूल का गेट खुला और फ़ॉर्म बँटने शुरू हुए तो जो कोई भी फ़ॉर्म लेकर बाहर निकलता था,ऐसा ख़ुश दिखता था जैसे रेलगाड़ी के जनरल डिब्बे में बैठने की जगह मिल गयी हो।

रेखा : अब तो आप एडमिशन फ़ॉर्म ले आये, अब तो हमारे सोनू को वहाँ एडमिशन मिल जायेगा न।

विनीत : ये तो पहला मोर्चा जीता है रेखा, असली इम्तिहान तो अब है।

रेखा : हैं? हमारे इतने ज़रा–से बच्चे को नर्सरी में एडमिशन के लिए इम्तिहान देना पड़ेगा?

विनीत : अरे! सोनू को नहीं, हमें देना पड़ेगा?

रेखा : हमें?

विनीत : हाँ।

रेखा : हाय राम! क्या इम्तिहान देना पड़ेगा? मैं तो इस घर–गृहस्थी के चक्कर में सारी पढ़ाई–लिखाई भूल बैठी।

विनीत : घबराओ नहीं, इम्तिहान में सिर्फ़ इतना है कि हमें स्कूल की प्रिंसिपल को एक इंटरव्यू देना पड़ेगा, बस। अगर हम उसमें पास हो गये तो हमारे सोनू को वहाँ दाख़िला मिल जायेगा। ये लो मैं वहाँ से आते वक़्त जनरल नॉलेज, जनरल साइंस की कुछ किताबें ख़रीदता लाया। आओ, हम आज से ही अपनी पढ़ाई शुरू कर दें ताकि दस दिन बाद जब इंटरव्यू देने जाये तो प्रिंसिपल के हर सवाल का जवाब हमारे पास हों।

रेखा : हाँ, हाँ लाइए। मैं क़सम खाती हूँ कि आज से दस दिनों तक टी. वी. पर कोई सास–बहु का सीरियल

नहीं देखूँगी और ना ही फोन पर अपनी सहेलियों के साथ एक–एक घण्टे तक गप्पें मारूँगी। अपने ख़ाली समय में सिर्फ़ इन किताबों को पढ़ूँगी, इन किताबों को पढ़ूँगी और इंटरव्यू में पास होकर रहूँगी।

विनीत : तो चलो, हम आज, बल्कि अभी से अपना 'इंटरव्यू सफलता अभियान' आरम्भ करें। .

(दोनों वीरों की तरह से अन्दर जाते हैं। संगीत। कुछ क्षण के लिए प्रकाश बन्द।)

दृश्य दो

(प्रकाश आता है। विनीत टाई ठीक करता हुआ अन्दर से आता है।)

विनीत : अरे! रेखा, तैयार नहीं हुई अभी तक? जल्दी करो कहीं इंटरव्यू में देर न हो जाये।

(रेखा अन्दर से आवाज़)

रेखा : आ रही हूँ, बस एक मिनट...

(अन्दर से आते हुए)

रेखा : लीजिए, आ गयी।

विनीत : *(झुँझलाते हुए)* देर कैसे लगा दी?

रेखा : वो एक किताब का आख़िरी चैप्टर पढ़ना रह गया था बस उसे ही पढ़ रही थी...हे भगवान! सोनू के नर्सरी में एडमिशन के इंटरव्यू के लिए जितनी कस कर पढ़ाई मैंने पिछले दस दिनों में की है उतनी अगर अपने एम.ए. के इम्तिहान में की होती तो यूनिवर्सिटी में टॉप कर गयी होती। अरे हाँ आपने उस स्कूल की फ़ीस के बारे में तो पता कर लिया था न!

विनीत : हाँ, हाँ, फ़ीस तो यही कोई पाँच सौ रुपये महीना है...

रेखा : *(ख़ुश होकर)* बस! पाँच सौ रुपये महीना...

विनीत : हाँ, फ़ीस तो इतनी ही है रेखा, पर...उसके साथ स्पोर्ट्स फ़ीस हज़ार रुपये, लाइब्रवेरी फ़ीस हजार रुपये, कल्चरल फ़ीस सात सौ रुपये, हॉर्स राइडिंग फ़ीस आठ सौ रुपये और स्कूल फ़ंड में पाँच सौ रुपये देने होंगे।

रेखा : यानी कि कुल मिला कर साढ़े चार हज़ार रुपये महीना...कैसे निकालेंगे इतनी फ़ीस...तुम्हारी पॉकेट मनी कम करनी पड़ेगी और तुम अपने ऑफ़िस बस से आना–जाना शुरू कर देना।

विनीत : लो, ख़र्चे भी कम किये तो सिर्फ़ मेरे। चलो अब ये सब बातें छोड़ो और लपककर चलो स्कूल।

रेखा : चलो। चलो, चलो...

(दोनों के विंग्स की तरफ़ जाने के साथ रणभेरी की आवाज़ और उसके बाद मोटरसाइकिल की आवाज़।)

दृश्य तीन

(प्रिंसिपल का कमरा। प्रिंसिपल अपनी टेबल पर बैठी कुछ काम कर रही हैं। विनीत और रेखा विंग्स से बाहर निकलकर।)

विनीत : हम अन्दर आ सकते हैं मैडम? मे वी कम इन?

मैडम प्रिंसिपल : यस, कम इन।

रेखा : *(घबराये स्वर में)* गुड...गुड मॉर्निंग मैडम।

प्रिंसिपल : *(कड़क स्वर)* दोपहर के एक बज रहे हैं और आप इस समय गुड मॉर्निंग कह रही हैं?

विनीत : माफ़ कीजिएगा, मैडम, वो क्या है कि स्कूल में इंटरव्यू देने का ये हमारा पहला मौक़ा है न, इसलिए थोड़ा नर्वस हो रहे हैं।

प्रिंसिपल : रिलेक्स, रिलेक्स, इसमें नर्वस होने की कोई बात नहीं है, मैं आपसे दो तीन हल्के–फुल्के सवाल पूछूँगी बस।

रेखा : बस?

प्रिंसिपल : हाँ, और क्या? अब भला कोई इंटरव्यू होते हैं? सरकार ने कितनी पाबन्दियाँ लगा दी हैं वर्ना हमने तो बच्चों के पेरेंट्स के ऐसे–ऐसे इंटरव्यू लिए हैं कि बड़े–बड़े मज़बूत कलेजे वालों को यहीं कुर्सी पर बैठे–बैठे हार्ट अटैक पड़ गया था।

विनीत : *(धीमे से, हे भगवान!)* हमारी रक्षा करना...

प्रिंसिपल : अच्छा, ये बताइए आप दोनों पढ़े लिखे तो हैं न?

विनीत : वो जो एडमिशन फ़ॉर्म आपके सामने रखा है उसमें लिखा है हमारी पढ़ाई के बारे में। आप ख़ुद पढ़ लीजिए।

प्रिंसिपल : हूँ, अगर हम सब बातें फ़ॉर्म में देख लेंगे तो आपसे इंटरव्यू में क्या पूछेंगे? और वैसे भी हमारे पास फ़ॉर्म वार्म पढ़ने के लिए वक़्त कहाँ हैं? आप सीधे सीधे बता रहे हैं या लिखूँ कि आपने सवाल का जवाब नहीं दिया?

रेखा : नहीं, नहीं मैडम नाराज़ मत होइए...हम दोनों पोस्ट ग्रेजुएट हैं...पर अगर आप बुरा न मानें तो एक बात पूछ सकती हूँ?

प्रिसिपल : क्या है?

रेखा : आपने ये सवाल क्यों पूछा?

प्रिंसिपल : *(तेज़ हँसी)* अरे भई, सीधी–सी बात है अगर पेरेंट्स पढ़े लिखे नहीं हुए तो बच्चों को पढ़ायेगा कौन?

(फिर हँसती है)...हमें तो एनुअल डे, स्पोर्ट्स डे, टीचर्स डे, फ़ादर्स डे, मदर्स डे, ग्रीन डे...वग़ैरह मनाने से फुर्सत ही कहाँ मिलती है? इसलिए बच्चों को पढ़ाने का जिम्मा माँ–बाप को ही उठाना होता है...ख़ैर, आप ये बताइए आपके पास गाड़ी है?

विनीत : *(थोड़ा शान से)* जी है।

प्रिंसिपल : कौन–सी है?

विनीत : मोटरसाइकिल है।

प्रिंसिपल : ओह नो! नहीं चलेगी, नहीं चलेगी...आपको यहाँ अपने बच्चे को पढ़ाना है तो चार पहिये की गाड़ी तो लेनी ही पड़ेगी। वो भी थोड़ा ऊँचे दर्जे की।

रेखा : तो क्या मैडम हमें बच्चे को रोज़ स्कूल ख़ुद की गाड़ी से छोड़ना और ले जाना पड़ेगा?

प्रिंसिपल : नहीं, नहीं बच्चे को तो स्कूल बस से ही आना जाना होगा। आख़िर हमने ये जो इतनी सारी बसें ख़रीद रखी हैं, वो किसलिए हैं? आपको तो गाड़ी इसलिए लेनी है क्योंकि यह हमारे स्कूल की इज्ज़त का सवाल है। सब लोग हमारे स्कूल के बारे में यही कहते हैं, यहाँ तो सिर्फ़ मोटरकार वालों के बच्चे पढ़ते हैं...आप भी फ़ौरन कार ख़रीद कर उसके कागज़ात की फोटोकॉपी स्कूल में जमा करवा दीजिएगा, उसी के बाद आपके बच्चे का एडमिशन पक्का होगा।

रेखा : जी, करा देंगे।

प्रिंसिपल : अच्छा, अब आपकी जनरल नॉलेज का भी इम्तिहान हो जाये?...ये बताइए कि पिछले एशियाई खेलों में गये भारतीय खिलाड़ियों में से कितने शाकाहारी थे और कितने मांसाहारी?

विनीत : हे भगवान! ये कैसा सवाल है?...नहीं पता मैडम जी...इसका जवाब तो नहीं पता।

प्रिंसिपल : चलिए, फिर ये बताइए...भारत ने जो पिछला रॉकेट छोड़ा था वह आसमान में कितने किलोमीटर ऊपर गया था?

रेखा : *(धीरे से)* कौन सी किताबें लाये थे आप? इनमें में से एक का भी जवाब नहीं है उनमें...*(थोड़ा ज़ोर से)*...ये तो पता नहीं मैडम।

प्रिंसिपल : ओफ़्फ़ो, आप लोग तो कुछ भी नहीं जानते हैं...

विनीत : मैडम, बुरा मत मानियेगा पर नर्सरी क्लास में बच्चे के एडमिशन से ऐसे टेढ़े–मेढ़े सवालों का क्या लेना देना है?

प्रिंसिपल : लेना–देना है, बहुत गहरा लेना–देना है। आपको शायद पता नहीं है कल जब आपका बच्चा बड़ा होकर नौकरी के लिए इंटरव्यू देने जायेगा तब उससे ऐसे ही सवाल पूछे जायेंगे. इसलिए हम शुरू से ही अपने बच्चों को ऐसे सवालों की प्रैक्टिस कराते रहते हैं।

रेखा : *(अपने आप से)* क्या एडवांस प्लानिंग है!

प्रिंसिपल : पर जब आपको ही इनके जवाब नहीं आते हैं तो बच्चे को घर पर कैसे तैयारी करायेंगे?

विनीत : हम कर लेंगे मैडम। आप भरोसा रखिए हम ख़ूब पढ़ाई करेंगे। बस आप एक बार हमारे सोनू को दाख़िला दे दीजिए।

प्रिंसिपल : समझ नहीं आ रहा है कि क्या करूँ? ...अच्छा चलिए आप कोई पोएम ही सुना दीजिए, वह तो आती होगी आपको?

विनीत : *(ख़ुश होकर)* हाँ, हाँ आती है, आती है...आओ ज्ञान की ज्योति जलायें। देश को अपने स्वर्ग बनाये।...

प्रिंसिपल : स्टॉप इट, स्टॉप इट...ये क्या सुना रहे हैं आप... आपको ये भी नहीं पता कि पोएम इंग्लिश में होती है, हिन्दी में नहीं...आपके बच्चे को यहाँ एडमिशन देना तो एक़दम मुश्किल लग रहा है।

रेखा : ऐसा मत कहिए मैडम, ऐसा मत कहिए, हमने तो अपने पास पड़ोसियों, रिश्तेदारों सबसे कह दिया है कि हमारे सोनू का हाई–फ़ाई पब्लिक स्कूल में एडमिशन हो रहा है। अगर ऐसा नहीं हुआ तो हमारी नाक कट जायेगी।

प्रिंसिपल : पर आप लोगों को तो कुछ भी नहीं आता है... आपके बच्चे को एडमिशन कैसे मिलेगा? मेरे पास एक ही सीट बाक़ी है और वह ऐसे बच्चे को कैसे दे दूँ जिसके पेरेंट्स को कुछ नहीं आता है?

विनीत : मैडम प्लीज, प्लीज...हमें निराश मत कीजिए।

रेखा : हाँ...हाँ मैडम...हमारे सोनू के भविष्य का सवाल है...

(प्रिंसिपल उन्हें एक किताब देती है।)

प्रिंसिपल : अच्छा आप ये लीजिए...ये अंग्रेज़ी पोएम्स की किताब है। अभी दूसरे कमरे में जाइये और पाँच मिनट में एक पोएम याद करके आइए। फिर देखते हैं।

विनीत : जी।

रेखा : जी।

(दोनों जाते हैं। प्रिंसिपल अपने काम में डूब जाती है। कुछ क्षण प्रकाश बन्द होता है। संगीत।)

दृश्य चार

(प्रकाश आता है। प्रिंसिपल आँख बन्द कर सो रही हैं। रेखा और विनीत का प्रिंसिपल के कमरे में प्रवेश।)

विनीत : *(डरते डरते)* हम अन्दर आ जायें मैडम?

प्रिंसिपल : *(आँखें खोलकर)* आइए...याद हो गयी पोएम...

रेखा : जी, हो गयी...

प्रिंसिपल : ओके, तो सुनाइये...

(लाला बनारसीदास का आना, जो सीधे अन्दर घुस आता है।)

लाला : मैं अन्दर आ सकता हूँ...ये लो मैं तो अन्दर ही आ गया...बड़ा छोटा केबिन है आपका मैडम...इधर दरवाज़ा खोला उधर केबिन के अन्दर...मैं कल ही अपने मुनीम को भेजकर इसे तुड़वाकर बड़ा केबिन बनवा दूँगा...बल्कि केबिन क्या पूरा हॉल बनवा दूँगा...*(हँसता है)* हैं, हैं, हैं...

प्रिंसिपल : पर आप हैं कौन...एक तो बिना पूछे मेरे केबिन में घुस आये ऊपर से मेरा केबिन भी तुड़वाने लगे? How dare you?

लाला : अरे हाँ, भूल हो गयी जी, मैं अपने बारे में तो बताना भूल ही गया। मेरा नाम सेठ बनारसीदास है, ऊपर वाले की कृपा से। मेरे पास दो–दो फ़ैक्ट्रियाँ, तीन सुपर स्टोर, चार बँगले और पाँच गाड़ियाँ हैं, ऊपर वाले की कृपा से।

प्रिंसिपल : होंगे...तो मैं क्या करूँ? आप यह सब मुझे क्यों बता रहे हैं?

लाला : वो बात ये है के मैं अपने लल्लू को आपके स्कूल में एडमिशन दिलवाना चाहता हूँ, ऊपर वाले की कृपा से।

प्रिंसिपल : ये लल्लू कौन है?

लाला : अरे! आप लल्लू को नहीं जानतीं...हमारी तो पूरी सोसाइटी क्या, पूरे इलाक़े में सब उसे जानते हैं, सबसे शरारती लड़का जो है...दिन–भर सबको परेशान करता रहता है...*(हँसता है)* हैं, हैं, हैं,...वो मेरे बेटे रामलाल का बेटा है यानी मेरा पोता...

प्रिंसिपल : तो होगा, मैं क्या करूँ इसमें?

लाला : अरे मैडम, आगे तो सुनिए...*(विनीत से)*...भाईसाब आप ज़रा कुर्सी से उठेंगे...

विनीत : मैं...मैं...क्यों?

लाला : मुझे बैठना है। कब से खड़ा हूँ?

प्रिंसिपल : *(विनीत से)* आप बैठे रहिये...कोई ज़रुरत नहीं है खड़ा होने की...और सेठजी आप फटाफट अपनी बात पूरी करिए और निकलिए यहाँ से।

लाला : हाँ तो बात ये है कि मेरे बेटे रामलाल की ज़िद है कि उसका बेटा आपके इस हाई–फ़ाई स्कूल में ही पढ़े। नादान है, मैंने उसे कितना समझाया कि बेटा देख मैं सरकारी स्कूल में पढ़ा था दो रूपया महीना फ़ीस देकर, तुझे सरकारी स्कूल में पढ़ाया दस रुपया महीना फ़ीस देकर,तो इस लल्लू को क्यों पब्लिक स्कूल में पढ़ाना...

रेखा : सही कहा आपने...अपनी ख़ानदानी परम्परा को क्यों तोड़ना?

लाला : वही तो...पर रामलाल मानता ही नहीं...ज़िद पकड़ ली है कि लल्लू तो इसी स्कूल में पढ़ेगा...मैंने कहा भी अरे, पढ़ाई–लिखाई पर ज़्यादा पैसे क्या बिगाड़ना...अब देखो जी मैंने तो पाँचवीं क्लास के बाद ही स्कूल को जय राम जी की कर दी थी और अपने पिताजी की दुकान पर बैठ गया था... रामलाल को भी दसवीं के बाद धन्धे से लगा दिया था...अब हमारी फैक्ट्रियों और स्टोरों में बड़ी–बड़ी पढ़ाई–लिखाई किये लोग काम करते हैं, ऊपर वाले की कृपा से *(हँसता है)*,...

प्रिंसिपल : देखिये, आप ये सब बातें करके मेरा समय बर्बाद न करें। वैसे भी हमारे स्कूल में आपके लल्लू को एडमिशन नहीं मिल सकता है...

लाला : *(अकड़कर)* क्यों नही मिल सकता है?

प्रिंसिपल : क्योंकि मेरे पास बस एक सीट ख़ाली थी और उस पर मुझे इन पेरेंट्स के बच्चे को दाख़िला देना है...

लाला : अजी, दाख़िला तो मेरे लल्लू को ही मिलेगा।

विनीत : क्या बात कर रहे हैं?...दाखिला हमारे सोनू को मिलेगा। हमारी बात हो चुकी है प्रिंसिपल साहिबा से, क्यों मैडम?

प्रिंसिपल : यस यस...he is right.

लाला : वो सब मैं नहीं जानता। दाख़िला होगा लल्लू का, ऊपर वाले की कृपा से।

विनीत : सोनू का...

लाला : लल्लू का...

रेखा : सोनू का...

विनीत : सोनू का...

(कुछ पल ये लल्लू का सोनू का चलता रहता है।)

प्रिंसिपल : stop it, stop it...बन्द कीजिए ये लल्लू का, सोनू का...सेठजी आख़िर आप इतनी ज़िद क्यों कर रहे हैं कि एडमिशन आपके लल्लू को ही मिले...क्या आप किसी बड़े आदमी की सिफ़ारिश लाये हैं...?

लाला : नहीं, पर मैं यह लाया हूँ...
(जेब से एक बैंक चेक निकालता है।)

प्रिंसिपल : क्या है यह?

लाला : यह बैंक का चेक है...पाँच लाख रुपये का...मैं ये रुपये स्कूल को देना चाहता हूँ...

प्रिंसिपल : क्या? पाँच लाख का डोनेशन?...अरे तो सेठजी ये पॉइंट आपको सबसे पहले बताना चाहिए था... ख़ामख़्वाह आपको इतनी देर परेशान होना पड़ा... आप बैठिये न प्लीज...बैठिये...मिस्टर क्या नाम है आपका...

विनीत : जी विनीत।

प्रिंसिपल : आप उठिए...सेठजी को बैठने दीजिए...*(विनीत का रिएक्शन)*, ...सेठजी आप बिल्कुल सही वक़्त पर आये एक ही सीट बची थी...वह हाथ से निकल जाती तो आपसे ज़्यादा स्कूल का नुक़सान हो जाता... आप बेफ़िक्र रहें, एडमिशन तो आपके लल्लू... नहीं–नहीं हमारे लल्लू बेटा को ही मिलेगा...ऊपर वाले की कृपा से।

रेखा : ये आप क्या कह रही हैं मैडम...वह सीट तो हमारे सोनू को मिलने वाली है।

प्रिंसिपल : है नहीं थी। अब वह लल्लू को मिल गयी है।

विनीत : आप ऐसा नहीं कर सकती हैं? ऐसे–कैसे आप मना कर सकती हैं? आपको हमें कोई ठोस कारण बताना होगा।

रेखा : हाँ–हाँ, वर्ना हम इस मुद्दे को मीडिया में उछालेंगे।

प्रिंसिपल : कारण है, बहुत ठोस कारण है. आप लोगों की जनरल नॉलेज बहुत कमज़ोर है...और आपको इंग्लिश पोएम्स भी नहीं आती हैं...

विनीत : पर हमने अभी एक पोएम याद कर ली है।

प्रिंसिपल : तो उस एक पोएम से बच्चे की पढ़ाई पूरी हो जायेगी?...आप लोग फिलहाल जाइए और अगले साल आइएगा...इस किताब की सारी पोएम्स याद करके...तब आपके सोनू के एडमिशन के बारे में सोचा जायेगा...you can go now.

(संगीत। दोनों उदास से खड़े होते हैं और धीरे –धीरे बातें करते हुए विंग्स के पास आते हैं। पीछे बिना किसी संवाद के प्रिंसिपल और लाला हँसकर बातें करते हुए दिख रहे हैं।)

विनीत : चलो रेखा, चलो घर चलें। अपने सारे किये धरे पर पानी फिर गया।

रेखा : हाँ विनीत, चलो।

विनीत : *(उदासी से गुनगुनाता है।)* आओ ज्ञान की ज्योति जलायें, देश को अपने स्वर्ग बनाएँ।

रेखा : नहीं जी, ये अपनी कविता को छोड़ो और मेरे साथ बोलो...Twinkle, twinkle little star, How I wonder what you are.

(दोनों मिलकर गुनगुनाते हैं और जाते हैं।)

समाप्त

एक अनार सौ बीमार

पात्र–परिचय

अशोक वर्मा : आयु 40–45 वर्ष

कोमल : आयु 35–40 वर्ष, अशोक की पत्नी

डॉक्टर : आयु 30 वर्ष के लगभग

नर्स : आयु 25 वर्ष के लगभग

गंगा चरण : 50 वर्ष के लगभग, वार्ड ब्वॉय

दृश्य एक

(पर्दा खुलने पर एक डॉक्टर के क्लिनिक के रिसेप्शन जैसा कमरा दिखाई देता है। इसके लिए एक कुर्सी मेज़ (जिस के ऊपर सफ़ेद मेज़पोश हो) बैठने के लिए दो कुर्सियाँ, पीछे कहीं लाल क्रॉस निशान वाला पोस्टर और नर्सिंग होम का नाम लिखा जा सकता है। नर्स बैठी हुई फोन अथवा मोबाइल पर किसी से बात कर रही है। अचानक पार्श्व से एक पुरुष के ज़ोर से कराहने का स्वर सुनायी देता है। नर्स एक बार उस तरफ़ देखती है फिर अपना सिर झटककर अपने काम में लग जाती है। विंग्स से अशोक वर्मा का अपनी पत्नी कोमल के सहारे कराहते हुए प्रवेश होता है।)

अशोक : हाय, हाय...मर गया रे...हाय कोई बचाओ...हाय

कोमल : संभल के जी...ज़रा संभल के...बस आ गये हम डॉक्टर साहब के पास...

(अशोक को पकड़कर कुर्सी के पास आती है। उधर नर्स का फोन चालू है।)

कोमल : सिस्टर, सिस्टर डॉक्टर साहब हैं क्या?

नर्स : *(अपनी बात रोककर)* क्यों? क्या ज़रुरत है? कोई बीमार है क्या?

कोमल : ये जो अस्पताल की एम्बुलेन्स की तरह से मुँह से लगातार 'हाय हाय' का साइरन बजा रहे हैं, उसे सुनकर क्या लगता है? जल्दी से डॉक्टर साहब को बुलाइए।

(बीच में अशोक का 'हाय हाय' करना जारी रहता है।)

नर्स : *(उपेक्षा से)* बुलाती हूँ। बैठिए। *(मोबाइल से कॉल लगाती है।)* हैलो डॉक्टर साहब, एक ग्राहक...मेरा मतलब एक पेशेंट आया है। बहुत चिल्ल–पौं और चीख़ मचाये है। *(धीमे से),* साइज़ से तो मोटा मुर्गा लग रहा है, आप आ जाइए *(मोबाइल काटकर)*... आ रहे हैं...

(डॉक्टर का हड़बड़ी मचाते हुए प्रवेश।)

डॉक्टर : कहाँ है? कहाँ है... वेलकम सर, वेलकम...कैसे हैं आप? एनी प्रॉब्लम?

अशोक : हाय! हाय। डॉक साहब, सम्भालो मुझे, वरना मैं चला...

डॉक्टर : कहाँ?

अशोक : वो ऊपर...वहाँ...

(एक हाथ पेट पर रख कर, एक हाथ ऊपर ले जाकर आसमान की तरफ़ करता है, डॉक्टर भी उसे हाथ के साथ–साथ नज़रें करता है।)

डॉक्टर : इतनी दूर...जा सकते थे, पर अब नहीं जायेंगे...अब मैं हूँ ना..., *(नर्स को खड़ा करके उसकी कुर्सी पर बैठता है।) (कोमल से),* क्या हुआ है इन्हें?

कोमल : डॉक्टर साहब, आज सुबह से ही इनके पेट में लगातार भयंकर दर्द हो रहा है।

डॉक्टर : वेरी गुड।

कोमल : जी...क्या कहा?

डॉक्टर : जी, वेरी बैड, वेरी बैड...वैसे कब से उठ रहा है ये दर्द?

अशोक : *(झल्लाकर)* अभी बताया तो सुबह से। हाय...

डॉक्टर : देखिए, आप तो सिर्फ़ हाय, हाय करने के लिए ही मुँह खोलिए। मुझे मैडम से हाल पूछने दीजिए।

हाँ तो मैडम...ये दर्द इन्हें आज ही उठा है या पहले भी उठता रहा है?

कोमल : जी, आज पहली बार उठा है। सुबह उठने के साथ जब हाय–हाय करने लगे तो पहले तो मुझे लगा कि रात को बर्तन कुछ ज़्यादा हो गये थे, तो शायद हाथ दुःख गये होंगे।

डॉक्टर : तो क्या बर्तन उठाये थे?

कोमल : *(शरमाकर)* नहीं, माँजे थे, वैसे तो रोज़ यही माँजते हैं, इसलिए...

अशोक : *(उसकी तरफ़ गुस्से से देखकर)*, हाय...अरे डॉक् साहब...आप हमारे सुखी वैवाहिक जीवन का राज़ मत पूछिए, बस जल्दी से मेरा इलाज करिये।

डॉक्टर : *(हलके से हँसकर)* इलाज भी हो जायेगा, ऐसी भी क्या जल्दी है? ज़रा इत्मीनान से बैठिये।

कोमल : जी डॉक्टर साहब, इनसे नहीं बैठा जा रहा है और आप कह रहे हैं कि इत्मीनान से बैठिये, बताइए भला।

डॉक्टर : बैठा भी नहीं जा रहा है, वेरी गुड।

अशोक : फिर वही वेरी गुड। अब तो छाती में भी हल्का सा दर्द होने लगा है।

डॉक्टर : *(ध्यान न देते हुए)* क्या बात है! मजा आ गया! छाती में भी दर्द होने लगा है। *(अशोक से), लगता है आपका मामला काफी सीरियस है।* आप ऐसा कीजिए आप फ़ौरन नर्सिंग होम में भर्ती हो जाइये।

अशोक : अब किस नर्सिंग होम में भर्ती हो जाऊँ? खैर।... *(परेशानी से उठता है।)* चलो डियर।...चलें किसी नर्सिंग होम में...

(डॉक्टर लपककर उसका हाथ पकड़ लेता है।)

डॉक्टर : जी, कहीं जाने की क्या ज़रुरत है, यहीं ऊपर मेरा नर्सिंग होम है जी, आप वहीं पर भर्ती हो जाइए।

अशोक : भर्ती तो हो जाऊँगा, पर आप पहले मेरी बीमारी का तो पता कीजिए..., कुछ जाँच, टेस्ट वगैरह तो कीजिए, अभी तो आपने मेरी नब्ज़ तक नहीं पकड़ी है।

डॉक्टर : *(धीरे से)* आपको तो पकड़ लिया है। *(ज़ोर से)* आप एक बार भर्ती तो हो जाइए फिर भगवान ने चाहा तो बीमारी का भी पता लगा लेंगे। साथ ही सारे टेस्ट भी यहीं हो जायेंगे हँसते, खेलते।

नर्स : और क्या, हमारे नर्सिंग शो रूम की यही तो खासियत है। ऑल सर्विसेज अंडर वन रूफ़।
(हँसती है, डॉक्टर उसे गुस्से से घूरता है।)

डॉक्टर : सिस्टर...

नर्स : यस सर।

डॉक्टर : आप इन्हें ले जाइए, और अपने नर्सिंग होम में जमा कर दीजिए।

नर्स : *(ख़ुशी से)* ओके सर।

डॉक्टर : और सुनिए, इन्हें नर्सिंग होम के क़ायदे–क़ानून और फ़ीस वग़ैरह समझा देना।
(डॉक्टर उठ कर विंग्स में एक तरफ़ से चला जाता है। नर्स फट से उसकी जगह बैठ जाती है और एक फ़ॉर्म और पेन हाथ में लेती है। अशोक की हाय–हाय चालू है।)

कोमल : अरे सिस्टर ज़रा जल्दी करो। देखो इन्हें कितनी तकलीफ़ हो रही है।

नर्स : बस, बस...थोड़ी–सी कागज़ी कार्यवाही पूरी कर लूँ। मरीज़ का नाम?

अशोक : अशोक।

नर्स : पूरा नाम बताइए।

अशोक : *(झल्लाकर)* अशोक वर्मा, पत्नी का नाम कोमल वर्मा...पिता का नाम आत्मा राम वर्मा...

नर्स : बस, बस...

अशोक : बस क्या? हाय! हाय!

नर्स : माफ़ कीजिएगा, थोड़ी देर के लिए आप ये हाय–हाय का बिगुल बजाना बन्द करेंगे।

(अशोक कुछ न कहकर गुस्से से घूरता है।)

नर्स : ख़ैर बाकी चीज़ें तो मैडम से बाद में भरवा लूँगी, आप तो बस इतना बता दीजिए कि आपकी सालाना आमदनी कितनी है?

अशोक : *(गुस्से से)* ग़रीबी–रेखा से नीचे।

नर्स : आप तो बुरा मान गये साहब। ये सब फ़ॉर्मेलिटी हैं। चलिए इतना बता दीजिए...स्वास्थ्य बीमा तो है न?

कोमल : हाँ, हाँ है, और अच्छा ख़ासा है।

नर्स : वेरी गुड। अब ज़रा यह बताइए कि आप किस तरह के कमरे में रहना पसन्द करेंगे? हमारे नर्सिंग होटल...मेरा मतलब नर्सिंग होम में हर तरह की व्यवस्था है।

कोमल : जैसे?

नर्स : देखिये, हमारे पास डीलक्स, सेमी डीलक्स, स्पेशल और आर्डिनरी सभी तरह के कमरे हैं। आपको कौन सा चाहिए?

कोमल : ज़रा खुलकर बताइए।

नर्स : हाँ, हाँ क्यों नहीं? मैडम, डीलक्स रूम ए. सी. और अटैच्ड बाथरूम के साथ है। इसमें वॉल टू वॉल कारपेट बिछा है, रंगीन टी. वी. लगा है और म्यूजिक सिस्टम भी है। साथ में हर समय एक नर्स भी सेवा में। डॉक्टर भी रूम के मरीज़ों का

हाल पूछने अक्सर आते रहते हैं। सेमी डीलक्स और स्पेशल रूम भी ए. सी. रूम हैं और अटैच्ड लैट बाथ वाले हैं पर एक फ़र्क है...

अशोक : क्या?

नर्स : सेमी डीलक्स में एक पेशेंट रहता है तो स्पेशल में दो। और दोनों में डॉक्टर बस अपने निर्धारित समय पर ही आते हैं।

कोमल : आते तो हैं न?

नर्स : आप भी न मैडम, बड़ी नॉटी हैं। आर्डिनरी रूम में...जाने दीजिए, आपको देख कर लगता नहीं कि आप आर्डिनरी रूम में जायेंगे.

अशोक : उसे भी क्यों छोड़ो, उसके बारे में भी बता ही दो। हाय!

नर्स : आर्डिनरी रूम तो रूम नहीं है वार्ड है, जनरल वार्ड। रेलवे के वेटिंग रूम जैसा। एक साथ कई मरीज़। जिसकी किस्मत अच्छी हुई उसे बेड मिल गया, जो रह गया वह कहीं भी पसर गया, और उसके साथ आने वाले गैलरी में लुढ़क गये। बहुत मारामारी रहती है। *(हँसती है।)*

कोमल : अरे राम! तो फिर डॉक्टर और नर्स मरीज़ों को कैसे देखते हैं?

नर्स : सबको तो नहीं देख पाते हैं पर कोई मरीज़ सीरियस हो गया तो उसे ज़रूर देख लेते हैं।

अशोक : सिर्फ़ देख लेते हैं या इलाज भी करते हैं?

नर्स : कोशिश तो पूरी करते हैं। बाक़ी भगवान की मर्ज़ी। चलिए आप बताइए, किस रूम में बुकिंग करूँ?

अशोक : अगर भगवान् की मर्ज़ी चलनी है तो आर्डिनरी भी क्या बुरा है? हाय...

कोमल : नहीं, नहीं। आप सेमी डीलक्स रूम दे दीजिए।

नर्स : गुड डिसीजन। लीजिए यहाँ साइन कर दीजिए।
(फ़ॉर्म आगे बढ़ाती है। अशोक उस पर 'हाय! हाय' करते हुए हस्ताक्षर करता है।)

नर्स : अब ये भी जान लीजिए कि रूम का किराया होगा दो हज़ार रुपये प्रति दिन और बाकी सारा ख़र्चा अलग।

अशोक : अब बस चेक आउट टाइम और बता दीजिए तो पूरा होटल का मज़ा आ जायेगा।

नर्स : आप भी ना भाई साहब, खूब मज़ाकिया हैं।
(डॉक्टर तेज़ी से आता है। उसका ध्यान अशोक और कोमल पर नहीं है।)

डॉक्टर : पंछी जाल में फँसे या नहीं?
(नर्स चुप रहने का इशारा करती है, डॉक्टर की नज़र इन पर पड़ती है।)

डॉक्टर : ओह! तो आप हमारी मेहमान नवाज़ी के लिए मान गये। कॉन्ग्रैच्युलेशन। एक काम कीजिएगा घर से अपने बीमा के कागज़ भी मँगा लीजिएगा। वह क्या है न, इलाज करते हुए हमें भी कॉन्फिडेन्स रहता है। ख़ैर, अभी वार्ड वॉय को बुलाकर आपको आपके कमरे में फिंकवा देता हूँ, सॉरी मेरा मतलब है कि पहुँचा देते हैं।...गंगा चरण...गंगा चरण...
(गंगा चरण का अकड़ के साथ प्रवेश। वह थोड़ा ऊँचा सुनता है।)

गंगा चरण : क्या है?

डॉक्टर : इन साहब के लिए व्हील चेयर लेकर आओ।

गंगा चरण : क्या ले आओ?

डॉक्टर : *(ज़ोर से),* व्हील चेयर, व्हील चेयर

गंगा चरण : ला रहा हूँ, इतना चिल्ला क्यों रहे हैं?
(गंगा चरण विंग्स में जाता है।)

अशोक : व्हील चेयर? क्यों? अभी तो मैं अपने पैरों पर चल सकता हूँ।

(उठकर चलकर दिखाता है। इतने में गंगा चरण व्हील चेयर लेकर आता है।)

गंगा चरण : *(रौब से)* बैठो।

(गंगा चरण अशोक का हाथ पकड़ता है, वह छूटने की कोशिश करता है, पर आख़िरकार गंगा चरण उसे व्हील चेयर पर ज़बरदस्ती बैठा ही देता है।)

गंगा चरण : व्हील चेयर पर बैठो या ना बैठो, व्हील चेयर पर बैठने के पैसे तो लगेंगे ही बिल में, तो फिर बैठ ही क्यों नहीं जाते अंकल?

(गंगा चरण उसे धकेलता हुआ विंग्स की तरफ़ ले जाता है। साथ–साथ कोमल भी जाती है।)

गंगा चरण : *(जाते–जाते)* पता है भाभी जी। हमारे नर्सिंग होम में मरीज़ को बिस्तर पर लिटाते वार्ड ब्वॉय हैं और उठाते भगवान हैं।

(हँसता है। नर्स यह सुन कर दौड़ कर आती है और इशारे से गंगा चरण को चुप रहने को कहती है। और साथ चलने लगती है। डॉक्टर भी दूसरी तरफ़ जाता है।)

दृश्य दो

(विंग्स में से जिस तरफ़ से वे लोग गये थे उसी तरफ़ से अशोक को पकड़े हुए कोमल आती है। अशोक लड़खड़ाते हुए चल रहा है। अशोक : हाय, हाय)

(दोनों आकर कुर्सियों पर/सोफ़े पर बैठते हैं।)

कोमल : ना जाने ये मुआ डॉक्टर कब आयेगा?

अशोक : जब यमराज का इंजेक्शन मेरे प्राण निकाल लेगा तब।

कोमल : शुभ–शुभ बोलो जी। वह देखो, वह रहा वार्ड ब्वॉय, अभी बुलाकर पूछती हूँ। ज़रा सुनना भैया...*(ज़ोर से)* ज़रा सुनना गंगा भैया।

(गंगा विंग्स में से निकल कर बड़बड़ाते हुए आता है।)

गंगा चरण : क्या ये लोग भी सुबह सुबह कूकर की सीटी की तरह शोर करने लगते हैं। लोगों से चैन से बीमार भी नहीं पड़ा जाता है। *(पास आकर)* बोलो, क्या बात है?

कोमल : भैया, ये डॉक्टर साहब राउंड पर कब आयेंगे?

गंगा चरण : ग्राउंड पर? ग्राउंड पर क्यों जायेंगे? वे क्रिकेटर थोड़े ही हैं, डॉक्टर हैं, वे राउंड पर जाते हैं, समझीं भाभी जी?

अशोक : *(झल्लाकर)*, अरे, वही तो पूछा इन्होंने, राउंड पर कब आयेंगे?

गंगा चरण : फिर वही ग्राउंड? आपको क्या कम सुनायी देता है, अंकल?

अशोक : अबे, एक दूँगा खेंचकर। इन्हें भाभी और मुझे अंकल! साला, इस नर्सिंग होम के तो सारे पीस *(piece)* डिफ़ेक्टिव लगते हैं।

कोमल : *(ज़ोर से)* डॉक्टर साहब कब आयेगे?

गंगा चरण : देखो जी, वैसे तो मौत और डॉक्टर का क्या भरोसा? किसी भी समय आ जाये। अगर ज़्यादा बिजी न हुए तो अभी भी आ सकते हैं।

अशोक : कौन? मौत या डॉक्टर?

(इतने में डॉक्टर तथा नर्स का प्रवेश, नर्स के हाथ में थर्मामीटर है। उन्हें देखते ही अशोक हाय–हाय करता है।)

डॉक्टर : हैलो...हैलो...एवरीबडी...हैलो...मिस्टर...क्या नाम था आपका?

अशोक : था नहीं। है। अशोक, अशोक वर्मा।

डॉक्टर : यस, यस मिस्टर वर्मा कैसे हैं आप?

अशोक : शुक्र है भगवान का कि अभी हूँ वर्ना आप थोड़ी देर बाद और आते तो मेरी बीवी ही बताती कि कैसा था।

डॉक्टर : *(हँसते हुए)* बड़े मज़ाकिया हैं आप। *(वार्ड ब्वॉय से)* अरे गंगा चरण, तुम यहाँ क्या कर रहे हो?

गंगा चरण : दया कर रहे हो? *(शरमाकर)* अरे नहीं साहब मैं क्या इन पर दया करूँगा। ये ही मुझ पर कुछ दया कर दें तो अच्छा हो। *(अपनी हथेली खुजाता है।)*

डॉक्टर : ओफ़्फ़ो, *(तेज़ स्वर)*, गंगा चरण, तुम चलो यहाँ से जाओ।

गंगा चरण : जी साहब।

(जाता है। अशोक बीच में हाय–हाय करता रहता है।)

डॉक्टर : नर्स, ज़रा अशोक जी के मुँह में थर्मामीटर तो लगाना।

कोमल : अरे, अरे, डॉक्टर साहब इनके पेट में दर्द है, कोई टाइफ़ाइड नहीं है।

डॉक्टर : ओ यस, यस... हम तो सिर्फ़ थर्मामीटर ही लेकर आये हैं। कोई बात नहीं, नर्स लगा दो थर्मामीटर इनके मुँह में। इनकी ये हाय–हाय तो कम होगी। *(नर्स अशोक के मना करते हुए भी ज़बरदस्ती उसके मुँह में थर्मामीटर लगा देती है। अशोक की घुटी–घुटी आवाज़ निकलती है।)*

डॉक्टर : तो मिस्टर अशोक वर्मा, आपके पेट में दर्द है, वह भी ज़ोर से। *(सोचते हुए)* बड़ी सीरियस बात है।

इसे सीरियसली ही लेना चाहिए। क्यों सिस्टर, क्या ख़्याल है?

नर्स : यस सर, यू आर राइट सर।

डॉक्टर : थैंक यू। तुम ऐसा करो, अभी थोड़ी देर में इन्हें एक्स–रे के लिए भिजवा देना, फिर उसके बाद अल्ट्रा साउंड और चेस्ट स्क्रीनिंग। साथ ही इनके ब्लड, यूरीन और स्टूल टेस्ट भी करवा देना। फिर आगे देखते हैं कि और कौन–से टेस्ट करवाने पड़ेंगे?

नर्स : सर, और ई. सी. जी?

डॉक्टर : गुड सजेशन। और रात को गैस्ट्रो एक्सपर्ट डॉ. सेनगुप्ता तथा कार्डिओलॉजिस्ट डॉ. दारूवाला को भी बुला लेना।

नर्स : यस सर। अब थर्मामीटर निकाल लूँ सर?

डॉक्टर : ओह, यस, यस व्हाई नॉट? वैसे भी अभी कई और पेशेंट देखने हैं और थर्मामीटर हमारे पास एक ही है।

अशोक : डॉक्टर साहब, दर्द से मरा जा रहा हूँ, कोई दवाई तो दीजिए। जब से आया हूँ, तबसे ऐसे ही लटका हूँ।

डॉक्टर : नो...नो जब तक पूरी जाँच नहीं हो जाती है तब तक कोई दवाई नहीं दी जा सकती है। आपकी जान को ख़तरा हो सकता है।

अशोक : वह तो वैसे भी है। बल्कि अब तो ऐसा लग रहा है कि जब तक आपकी जाँच पूरी होगी, तब तक जान वैसे ही निकल जायेगी।

डॉक्टर : वेरी गुड, फिर तो पोस्ट मॉर्टम में रोग का पता चल ही जायेगा।

(नर्स हँसती है।)

अशोक और कोमल : *(एक साथ)* क्या?

डॉक्टर : रिलैक्स, रिलैक्स...चलता हूँ, सिस्टर फ़ॉलो मी. और आप वापस अपने कमरे में जाकर बेड पर लेट जाइए।

(दोनों जाते हैं।)

कोमल : यहाँ ऐसे शवासन में पड़े रहना था तो आप घर में ही क्या बुरे थे?

अशोक : हाय! हाय ए ए ए...

(ये दोनों भी एक तरफ़ से निकल जाते हैं।)

दृश्य तीन

(वही कमरा है। डॉक्टर बैठा एक एक्स–रे रिपोर्ट देख रहा है। पास नर्स खड़ी भी उसी रिपोर्ट में नज़र गड़ाये है।)

डॉक्टर : इस आदमी के तो छाती में इन्फ़ेक्शन है न, पर ये तो उसकी टाँग का एक्स–रे लग रहा है।

नर्स : ओह माय गॉड! मैंने तो यह एक्स–रे देखकर इसके पैर पर प्लास्टर बँधवा दिया। अरे रे रे, तभी बेचारा अपनी छाती पर हाथ रखकर चिल्ला रहा था। ख़ैर अब उसकी टाँग का इलाज ही करना पड़ेगा वरना उसके घरवाले हमें झूठा समझेंगे।

(तभी अशोक और कोमल का प्रवेश। अशोक स्वस्थ है इसलिए मुस्करा रहा है उसके हाथ में एक पाउच है और कोमल के हाथ में एक बड़ा थैला है।)

डॉक्टर : आइए, आइए...मिस्टर... *(याद करते हुए)* क्या भला–सा नाम था आपका?

अशोक : था नहीं डॉक्टर साहब, है...अशोक...अशोक वर्मा।

डॉक्टर : यस, यस, मिस्टर वर्मा। देखा मिस्टर वर्मा, आख़िर हमने आपका इलाज कर ही डाला। अब कैसा लग रहा है आपको?

अशोक : ठीक लग रहा है। अभी कोई दर्द नहीं है।

डॉक्टर : दर्द कैसे होगा? हमने कितना ठोक बजाकर आपका इलाज किया है। अब आप बेधड़क अपने घर जा सकते हैं।

कोमल : धन्यवाद सर। चलते हैं।

डॉक्टर : *(अशोक का हाथ पकड़कर)* जी, ऐसी भी क्या जल्दी है? सिस्टर, ज़रा साहब का बिल तो देना। *(नर्स मेज़ से उठा कर बिल देती है।)*

नर्स : ये लीजिए।

(बिल देखते ही अशोक 'मर गया' कह कर बुरी तरह से लड़खड़ाकर गिर जाता है। कोमल उसे सँभालती है।)

डॉक्टर : क्या हुआ साहब? क्या फिर से भर्ती होना है? *(अशोक एकदम खड़ा हो जाता है।)*

अशोक : नहीं नहीं...पर...ये क्या? पचास हज़ार का बिल सिर्फ़ दो दिन अस्पताल में रहने का!

डॉक्टर : आप भी भाई साहब, बस दाम देखेंगे, काम नहीं। दो दिन में आपको ठीक भी तो कर दिया। कैसे चुस्त–दुरुस्त नज़र आ रहे हैं। क्यों मैडम?

नर्स : और फिर ये नर्सिंग होटल...मेरा मतलब नर्सिंग होम है, कोई सरकारी अस्पताल नहीं है। यहाँ तो हम आदमी को मारने के भी पूरे पैसे लेते हैं, आप तो फिर भी ज़िन्दा लौट रहे हैं।

डॉक्टर : वेरी गुड।

कोमल : छोड़ो जी, छोड़ो इन्हें, जल्दी से पैसे चुकाओ और चलो यहाँ से।

अशोक : हाँ, हाँ, चलो यहाँ से। वरना ये तो मेरा डेथ सर्टिफ़िकेट लिखने को तैयार बैठे हैं।

(हाथ के पाउच से रुपये निकालकर देता है। डॉक्टर मेज़ के नीचे की तरफ़ करके रुपये गिनने लगता है। अशोक, कोमल जाने लगते हैं पर फिर पलटकर आते हैं।)

अशोक : चलते चलते, एक बात तो बताइए डॉक साहब, मेरे पेट दर्द का कारण क्या था?

डॉक्टर : *(हँसते हुए)* हा, हा, हा...आपको नहीं पता? आपको गैस का दर्द था।

अशोक : *(एक साथ)* गैस?

कोमल : गैस?

डॉक्टर : जी हाँ, गैस थी आपके पेट में। उसी से दर्द था।

अशोक : हे भगवान, गैस के दर्द का इलाज पचास हज़ार का!... मुझे सँभालो मैं गिरा...

(लड़खड़ाकर गिरने लगता है, कोमल थाम लेती है।)

कोमल : यहाँ नहीं जी, यहाँ नहीं, बाहर गिरना...वर्ना ये आपको उठाने के भी पैसे ले लेंगे। चलिए...चलिए...

(उसे सहारा देकर ले जाती है।)

डॉक्टर : *(पीछे से)* जा रहे हैं साहब? फिर दर्शन देते रहिएगा।

नर्स : हम इन्तज़ार करेंगे, तेरा क़यामत तक।

(डॉक्टर तथा नर्स ज़ोर से हँसते हैं।)

समाप्त

चचा छक्कन के छक्के

पात्र–परिचय

चचा छक्कन : आयु 60 वर्ष

जुम्मन : आयु 20 वर्ष, नौकर

सूरती : आयु 55 वर्ष, छक्कन का पड़ोसी

चाची : आयु 55 वर्ष, छक्कन की पत्नी

चन्द्रावती : आयु 50 वर्ष, पड़ोसन

दृश्य एक

(मंच पर एक ड्राइंग रूम का दृश्य। चचा छक्कन का हड़बड़ी में प्रवेश। और मंच पर इधर–उधर होते हैं। जुम्मन सिर झुकाए एक कोने में बैठा है, छक्कन उसे देख नहीं पाते हैं।)

छक्कन : जुम्मन...जुम्मन।...अबे ओ जुम्मन। कमबख़्त न जाने कहाँ मर गया। *(अब थोड़ा ज़्यादा ज़ोर से)*, अरे मैंने कहा जुम्मन मियाँ।...कहाँ मर गया...

(अचानक छक्कन की नज़र पड़ती है।)

छक्कन : लाहौलविला कुव्वत। नामुराद यहाँ छिपे बैठा है और मैं फ़ैक्ट्री के साइरन की तरह से चिल्लाये जा रहा हूँ। (दूर से) अरे! जवाब क्यों नहीं दे रहा है ज़ालिग *(थोड़ा–सा ध्यान से देखता है)*, मैंने कहा बेटा जुम्मन अभी जिन्दा हो या अल्लाह को प्यारे हो गये बैठे ही बैठे।

(ये कहते कहते जुम्मन के पास जाता है और जुम्मन झटके से सिर उठाता है। उसके रिएक्शन में छक्कन घबराकर पीछे हटता है।)

छक्कन : लानत है ज़ालिम, ऐसे झटके से सिर उठाया कि लगा जैसे कोई मुर्दा क़ब्र से उठा हो।

(अपने दिल पर हाथ रख कर उसे दबाता है।)

जुम्मन : *(दुःख भरे स्वर में)* जिनका दिल दुखता है, वो रोते हैं।

नासमझ लोग हँसते हैं या सोते हैं।

छक्कन : अमां ये ख़ामख़ाह की शायरी मत झाड़ो। ये बताओ कि इस मनहूस सूरत से किसकी मातमपुर्सी कर रहे हो? तुम्हारे अब्बा निकल लिए या अम्मी?

जुम्मन : क्या बताये चचा मियाँ। कितना अच्छा है कि आप आवारा टाइप हैं। इसलिए समाज की हर अच्छाई से दूर रहते हैं।

छक्कन : बेटा, मेरी तारीफ़ में कसीदे पढ़ना छोड़ और ये बता कि हुआ क्या है?

जुम्मन : *(छाती पर हाथ मार कर)* हाय! चचा मियाँ, क्या बताऊँ, ये मुई क्रिकेट।

छक्कन : क्या हुआ क्रिकेट को?

जुम्मन : *(छाती पर हाथ मारकर)* ये मुई क्रिकेट।...

छक्कन : अरे! हाँ, हाँ।...क्या हुआ क्रिकेट को? क्रिकेट के बड़े खिलाड़ी नीता और मुकेश अम्बानी तो ठीक हैं न?

जुम्मन : चचा, नीता और मुकेश अम्बानी क्रिकेट खेलते नहीं हैं, क्रिकेट खिलाते हैं।

छक्कन : तभी तो वे खिलाड़ियों से भी बड़े ख़िलाड़ी हैं। पर तू उनकी छोड़ अपनी सुना।

(जुम्मन पास पड़ा एक अख़बर उठाता है और उठ कर खड़ा होता है।)

जुम्मन : ये पढ़ो चचा, ये ख़बर।

(अख़बार है,...तौ) चचा की तरफ़ बढ़ाता है। चचा अख़बार देखने लगते हैं जुम्मन झटके से अख़बार वापस छीन लेता है।

जुम्मन : रहने दीजिए, अंग्रेज़ी अख़बार है आपसे न पढ़ा जायेगा।

छक्कन : क्या हुआ बेटा जो हम कम पढ़े–लिखे हैं? तुम्हारे जैसे पढ़े–लिखों के चचा तो हैं ऊपर वाले के करम से। ख़ैर अब सीधी तरह बता कि हुआ क्या है?

जुम्मन : ये चच्चा मरहूम...सॉरी–सॉरी मेरा मतलब चचा मोहतरम...क्रिकेट की इंडियन प्रीमियर लीग में जो खिलाड़ी बिके हैं उनकी लिस्ट। लाखों करोड़ों में बिके हैं और ऐसे–ऐसे बिके हैं जिनके बारे में कोई सोच भी नहीं सकता है कि इन्हें भी ख़रीदा जा सकता है।

छक्कन : बरखुरदार, ये नया ज़माना है, मार्केटिंग का जमाना, अब जिसके पास कोई भी क़ाबिलियत है वह इंसान नहीं माल है, प्रोडक्ट है। उसकी एक क़ीमत है, वह बाज़ार में बिकने को तैयार है। ख़ैर जाने दे, यह बता कि आई.पी.एल. की नीलामी से तेरी सूरत मातमी क्यों हो गयी? घुमा फिरा के।

जुम्मन : अरे चचा! मातमी न होगी क्या? जिनका कोई नाम भी नहीं जानता वे भी लाखों में बिक गये हैं, पर ...पर नहीं बिका तो ये जुम्मन।

छक्कन : हत्त तेरे की, बेतुकी बात पर बर्फ़ की तरह से घुला जा रहा है मेरा यार।...ये बता, वहाँ क्या कोई कबाड़ की नीलामी हो रही थी जो तुझे कोई ख़रीदता?

जुम्मन : क्यों? क्या मैं क्रिकेट नहीं खेलता? यहाँ से पाँच पाँच मोहल्ले दूर तक जब कोई बॉलर खतरनाक गेंदबाज़ी करता है तो लोग कहते हैं, बेटे रहने दे, रहने दे, ज़्यादा बाहर मत निकल पाजामे से, जुम्मन आ गया न तो तेरी गेंदों की ऐसी ठुकाई करेगा जैसे जूते में कीलें ठोंकी जा रही हों।

छक्कन : अमाँ रहने दे, अपने इन ख़ाली बाउँसरों को, जब मुझ जैसे खिलाड़ी को नहीं लिया किसी टीम में तो तुझ जैसे अनाड़ी को कौन लेता घुमा फिरा के।

जुम्मन : एक बात बताओ चचा प्यारे, कभी बैट को छूकर

भी देखा है कि लकड़ी का होता है या लोहे का कि सीधे चल दिये रॉयल चैलेंज बैंगलोर की टीम में भर्ती होने।

छक्कन : एक दूँगा लखनवी झापड़ घुमा–फिरा के। अबे, हमने अपने ज़माने में वो बड़ी–बड़ी क्रिकेट खेली है, वो बड़ी–बड़ी क्रिकेट खेली है कि लखनऊ के कम्पनी बाग में आज भी कोई लड़का जब छक्के लगाता है तो लोग कहते हैं कि चचा छक्कन के छक्के याद आ गये घुमा–फिरा के।

जुम्मन : क्या कह रहे हो चचा? यक़ीन नहीं हो रहा।

छक्कन : तुमको क्यों यक़ीन होगा मेरे लाल। तुमने हमें जवानी के दिनों में देखा ही कहाँ है घुमा–फिरा के। जब हम शेरवानी पहनकर, दुपल्ली टोपी लगाये, आँखों में सुरमा डालकर और मुँह में पान की गिलौरी दबाये, बैटिंग करने के लिए मैदान में उतरते थे तो कसम एम.एस. धोनी की, देखने वालों का हुजूम उमड़ पड़ता था।

जुम्मन : क्या सच्ची?

(पीछे से पुरुष स्वर (सूरती भाई) ''छक्कन मियाँ, भाई छक्कन मियाँ, घर पर हैं क्या?'' छक्कन ख़ुश होकर विंग्स की तरफ़ जाता है।)

छक्कन : अहा! सूरती भाई, आइए आइए...ख़ुशआमदीद, ख़ुशआमदीद।

(सूरती भाई अन्दर आता है।)

सूरती : साहेब जी छक्कन भाई, साहेब जी।

छक्कन : आदाब, मेरे अज़ीज़ सूरती भाई वो आये हमारे स्टेडियम में, ख़ुदा की क़ुदरत है, कभी हम उनको, कभी इस पिच को देखते हैं।

सूरती : हैं? ये क्या फेंका है? अच्छे ख़ासे शेर का, कीमा बना के।

छक्कन : बस शेंर से आपको बता दिया कि घर में क्या चल रहा था घुमा–फिरा के।

सूरती : क्या चल रहा था?

छक्कन : अमाँ, कुछ ख़ास नहीं। ये आजकल के लड़के हमें कुछ समझते ही नहीं हैं। इस जुम्मन को अपनी गुज़री जवानी की इनिंग्स का स्कोर सुना रहा था।

जुम्मन : *(धीरे से)* : जवानी की जगह ये ख़ुद गुज़र जाते तो अच्छा रहता, क़सम से।

सूरती : अरे, अरे, मियाँ साहब। कौन कहता है कि आपकी जवानी गुज़र गयी है। माशाअल्लाह, अभी तो अच्छे ख़ासे जवान हैं। सज सँवरकर घर से बाहर निकल जायें तो दो–चार रिश्ते आ जाये शादी के।

छक्कन : *(हँसकर)* हैं!, हैं, हैं...आप भी यार सूरती भाई?

सूरती : क्या ग़लत कहा मैंने? कुछ बाल ही तो सफ़ेद हुए हैं। उसके मुक़ाबिल आजकल के छोकरों को देखो तो ऐसा जैसे पाउडर गाल पर नहीं बालों पर लगाया है।

(सूरती और छक्कन हँसते हैं। जुम्मन मुँह बनाता है।)

सूरती : पर ये अचानक, जवानी–दीवानी की बातें कैसे?

छक्कन : यही मुई क्रिकेट को लेकर।

सूरती : क्रिकेट को लेकर? यानी... कुछ समझा नहीं?

छक्कन : अमाँ सूरती भाई, ये जो अपना जुम्मन है न, बड़ा रो रहा था कि आईपीएल की नीलामी में ये नीलाम नहीं हुआ।

सूरती : क्या ज़माना आ गया है मियाँ? पहले लोग नीलामी के नाम से ही मुँह छिपाकर निकलते थे। अब ये खिलाड़ी हैं जो करोड़ों कमाने के बाद भी नीलामी में ख़ुशी–ख़ुशी बिकते हैं।

जुम्मन : सूरती चचा, इस नीलामी में तो वही बिकता है जिसमें टेलेंट होता है।

सूरती : यानी उसका टेलेंट उसका न रह कर, किसी और का गुलाम हो जाता है।

छक्कन : बात तो यही है घुमा–फिरा के।...

सूरती : तो मियाँ, आपको तो ये अफ़सोस नहीं हो रहा कि अगर पान की दुकान की जगह, क्रिकेट का बैट संभाला होता तो मज़े में रहते।

जुम्मन : *(हँसते हुए)* इनसे कपडे धोने का डण्डा तक तो सँभलता नहीं है ढंग से, क्रिकेट का बैट क्या सँभालते? इतने गन्दे कपड़े धोते हैं कि चाची रोज उसी डण्डे से कूटती हैं इन्हें।

छक्कन : अबे चुप, चुप...कम्बख़्त अगर अब की तूने अपनी चोंच खोली ना, तो ऐसा मारूँगा कि एक शॉट में बाउंड्री के पार हो जायेगा, घुमा–फिरा के।

सूरती : छोड़ो छक्कन मियाँ, मुझे पूरा भरोसा है कि आप अपने ज़माने के तेंदुलकर नहीं तो विराट कोहली तो ज़रूर रहे होंगे।

छक्कन : *(सोचते हुए)* विराट तो कुछ ज़्यादा हो गया, बस यूँ समझ लो कि महेन्द्र सिंह धोनी के आस–पास ही था अपने ज़माने में।

जुम्मन : वो ज़माने कब के लद गये चचा प्यारे।

छक्कन : लाहौल विला कुव्वत...क़सम से, क़सम से...आज ज़माना तेरे जनाजे की रनिंग कमेंटरी सुनेगा, घुमा–फिरा के।

सूरती : छोड़ो मियाँ, लड़का है जाने दो। मैं तो कहता हूँ कि आप अभी भी प्रैक्टिस शुरू कर दो तो अपनी नेशनल टीम में न सही, आई.पी.एल. में, रणजी ट्रॉफ़ी में तो खेल ही लोगे।

छक्कन : *(इतराते हुए)* सच कह रहे हैं सूरती भाई या मुझे बना रहे हैं, घुमा–फिरा के।

सूरती : *(हँसी छिपाते हुए)* सच, एक़दम सच। बस प्रैक्टिस कसकर करनी होगी।

छक्कन : *(सोचते हुए)* तो...फिर नेक काम में देरी कैसी? आलरेडी काफ़ी देर हो चुकी है, पहले ही मुल्क कई गेम हार चुका है मेरे टीम में न होने की वजह से। अब क्रिकेट का नुक़सान न होने दूँगा घुमा फिरा के।

(जुम्मन हँस पड़ता है।)

छक्कन : *(दाँत पीस कर)* जुम्मन...जुम्मन...

(मारने के लिए लपकता है। जुम्मन बच कर भागता है, दोनों मंच पर थोड़ा दौड़ते हैं, छक्कन मियाँ थोड़ा हाँफ जाते हैं तो सूरती की तरफ़ आते हैं।)

छक्कन : कुछ भी कहो सूरती भाई, अभी भी मुझमें स्टैमिना की कोई कमी नहीं है।

जुम्मन : *(दूर से)* सो तो है। चाची जब डण्डा लेकर आती है इन्हें कूटने के लिए तो माशाल्लाह चचा कैसे दौड़ लगाते हैं दुलतियाँ मारते हुए।

छक्कन : *(एक छड़ी उठाकर लपकते हैं)* तेरी तो ऐसी की तैसी, आज तो तुझे क़ब्र में लिटा कर ही छोड़ूँगा।

(जुम्मन भागकर आकर सूरती के पीछे छिपता है, बीच–बचाव करते सूरती के ही छड़ी पड़ जाती है।)

सूरती : 'हाय'

छक्कन : अरे रे, मियाँ मुआफ़ कीजिएगा। चलिए, कोई बात नहीं।

सूरती : *(छड़ी लगने वाली जगह सहलाते हुए)* ये तो मुझे कहना चाहिए था जनाब।

छक्कन : *(जुम्मन से)* अब तू क्या यहाँ खड़ा हुआ है अंपायर की तरह से। जा जाकर बैट–बॉल लेकर आ।

आज अभी से होगी प्रैक्टिस शुरू, घुमा–फिरा के।

(जुम्मन अन्दर जाता है और बैट–बॉल लेकर लौटता है। छक्कन उसके हाथ से बैट लेकर एक तरफ़ बैट्समैन की तरह से स्टान्स लेता है।)

छक्कन : चल बेटा, जुम्मन, डाल बॉल,,,

सूरती : अरे अरे मियाँ यहाँ खेलोगे, यहाँ ड्राइंग रूम में?

छक्कन : तो फिर? *(सोचता है)* अच्छा तो चलो अन्दर वाले कमरे में चलते हैं, वह काफ़ी बड़ा है।

(तीनों विंग्स के एक साइड से अन्दर जाते हैं। फिर पीछे से आवाज़ें आती हैं।)

छक्कन : डाल बेटा, ज़ोर से।...

सूरती : छक्कन मियाँ सँभालकर...

छक्कन : और ये लगा छक्का...

(एकदम से कुछ गिरने की आवाज़ आती है। विंग्स के दूसरी तरफ़ से चाची का गुस्से से चीख़ते हुए प्रवेश।)

चाची : कौन है? कौन है? किसने फोड़ा? किसने गिराया सामान को?... किसकी हिम्मत हुई?...

(यह बोलते बोलते विंग्स की दूसरी तरफ़ से मंच से निकल जाती है। वह छक्कन का गिरेबान पकड़ कर लगभग घसीटते हुए मंच पर लाती है। पीछे पीछे हाथ में बैट लिए जुम्मन और सूरती भी आते हैं।)

चाची : मेरे अब्बा का दिया हमारा ख़ानदानी फूलदान तोड़ दिया, आज तो तुम्हारे नाम के आगे मरहूम लगवा कर ही छोड़ूँगी। अरे जुम्मन, ला तो ज़रा वो बैट...

जुम्मन : *(खुश होते हुए)* ये लो चाची।

चाची : और जाकर मौलवी साहब को बुला ला, कहना एक नमाज–ए–जनाज़ा पढ़नी है।

छक्कन : अमाँ बेगम, कुछ तो लिहाज़ कीजिए...यूँ बाहर वालों के सामने...

चाची : क्या बाहर वालों के सामने? आज ये भी देख लें क्रिकेट के बैट इस्तेमाल। इनको भी नसीहत हो जायेगी।

(अचानक चचा छक्कन अपने को छुड़ाकर भागते हैं।)

छक्कन : भागो, भागो...

(सूरती भी पीछे–पीछे भागता है।)

सूरती : अरे मियाँ...मुझे कहाँ छोड़े जा रहे हो मुसीबत के आगे...

जुम्मन : *(हँसते हुए)* देखा चाची।, आपका ख़ौफ़, इस उम्र में कैसे कंगारू की तरह से उछल–उछलकर भाग रहे हैं।

चाची : *(गुस्से से)* तू भी कौन–सा कम है आग लगाने में। इधर आ तेरी भी टाँगें तोड़ूँ।

जुम्मन : *(विंग्स की तरफ़ भागते हुए),* अरे बाप रे...अमाँ चचा प्यारे, रुको, मैं भी आ रहा हूँ।

(जुम्मन एक तरफ़ से जाता है। चाची भी गुस्से से दूसरी तरफ़ से मंच से चली जाती है।)

दृश्य दो

(कुछ क्षण मंच ख़ाली रहता है। फिर चाची आकर डस्टिंग करती है। अचानक पार्श्व से चच्चा के 'हाय, हाय' 'मर गया' जैसी कराहने की आवाज़ आती है और उसी के साथ छक्कन का जुम्मन के सहारे लँगड़ाते हुए प्रवेश।)

छक्कन : हाय! हाय...पूरे शरीर की एक–एक हड्डी अलग अलग फ़ील्डिंग कर रही है।

जुम्मन : सँभाल के चचा, सँभाल के...

चाची : *(घबराते हुए)* क्या हुआ?...क्या हुआ इन्हें?

जुम्मन : क्या बताऊँ चाची? चचा बेचारे की क़िस्मत ही ख़राब है। आपके हाथ से बचे तो पड़ोसन से पिटे। च...च...च घर की बात घर में ही रह जाती तो ठीक रहता। अब तो पूरे मोहल्ले के सामने पिटे। कैसी बेदर्दी से बेलन थ्रो करके मारा उसने...एक़दम फुल टॉस की तरह...चचा प्यारे तो वहीं ढेर हो गये थे। *(चाचा को कहीं लिटाते हैं। वह लेटते आँखें बन्द करके हल्के हल्के 'हाय हाय' करते रहते हैं।)*

चाची : बता तो ज़रा, मेरे होते हुए किसकी इतनी हिम्मत हुई कि मेरे होते हुए इन्हें बेलन मारे। मैं किसलिए हूँ। मैंने भी उसके मियाँ का इससे बुरा हाल न कर डाला तो मैं तेरी चाची नहीं।

जुम्मन : *(अटकते हुए),* वो...वो चाची, वो पड़ोस में रहने वाली चन्द्रावती...

चाची : *(बीच में)* चन्द्रावती ने! *(थोड़ा ज़ोर से)* चन्द्रावती, पूछ ले अपने पति से उसकी अन्तिम इच्छा। मैं आई बदला लेने...

(चन्द्रावती का प्रवेश)

चन्द्रावती : तुम्हारे आने की क्या ज़रुरत है? मैं खुद ही आ गयी। लो।

जुम्मन : *(हल्के से)* मज़ा आ गया। अब होगा असली टेस्ट मैच। चचा प्यारे, आँखें खुली रखना।

छक्कन : हाय!

चाची : तुम्हारी हिम्मत कैसे हुई मेरे मियाँ को बेलन मारने की?

चन्द्रावती : मैंने कब तुम्हारे पति के मारा था।

चाची : बता तो जुम्मन, बता तो ज़रा। देखो तो कैसी पतली हालत कर दी डेढ़ पसली के मेरे चचा की ...मेरा मतलब जुम्मन के चचा की।

चन्द्रावती : हूँ...मुझे क्या पड़ी जो चचा मियाँ को मारूँ? आप ही काफ़ी हैं। मेरे लिए तो चचा बहुत आदरणीय हैं।

चाची : देखो...देखो...अब अपने को बचाने के लिए कैसे नाटक कर रही है?

चन्द्रावती : अरे नहीं चाची, मैं ठीक कह रही हूँ। मैंने तो मुन्ने के पापा को यानी अपने इनको मारने के लिए बेलन फेंका था।

चाची : हैं!...यानी सूरती भाई जान को...

चन्द्रावती : जी हाँ...सूरती भाई जान को। चचा के तो ख़ामख़ाह लग गयी।

छक्कन : हाय...कैसे लग गयी खामख्वाह?

चन्द्रावती : हुआ यूँ कि मैंने सुबह सुबह इनसे कहा कि रोज़ मैं घर के काम में सारा दिन मरती रहती हूँ, आज छुट्टी का दिन है तो घर के काम में मेरा हाथ बँटा दो।

चाची : फिर?

चन्द्रावती : तो ये यह कहकर चल दिये कि चचा मियाँ की तबियत बहुत ख़राब है, उन्हें डॉक्टर को दिखाने जाना है। सो मैं कुछ नहीं बोली। थोड़ी देर पहले अपनी खिड़की का शीशा टूटने की आवाज़ सुनकर मैंने बाहर सड़क पर झाँककर देखा तो ये आपके सूरती भाई जान और चचा को मोहल्ले के लड़कों के साथ खेलते देखकर मेरा ख़ून खौल गया।

जुम्मन : अच्छा, फिर क्या हुआ?

चन्द्रावती : मैं गुस्से से अन्दर गयी और बेलन लाकर घुमा कर इनकी तरफ़ मारा। पर हाय री किस्मत! ठीक उसी समय ये और चचा रन लेने के लिए दौड़ पड़े और इस तरह इनकी की जगह बेचारे चचा आ गये।

छक्कन : हाय! हाय...ज़ालिम सूरती...मरवा दिया मुझे। एक घण्टे से मेडन ओवर खेल रहा था। पहला ही रन लिया और उसी में मुझे रन आउट करा दिया। हाय...हाय!

चन्द्रावती : चचा, मैं बहुत शर्मिन्दा हूँ।

छक्कन : क्या बताऊँ? तुम्हारे एक ही वार ने मेरी तो सारी हड्डी–पसलियाँ हिला दीं। अब हिन्दुस्तान की क्रिकेट को कौन सँभालेगा, मुझसे तो ख़ुद को ही नहीं सँभाला जा रहा है।
(बीच में उठने की कोशिश करते हुए आधा उठ जाता है और लड़खड़ाता है।)

जुम्मन : हूँ, हूँ...चचा प्यारे हिलना नहीं, हिलना नहीं, कहीं बिखर न जाओ...

छक्कन : हाय! मैं क्या करूँ? खेल के मैदान पर सभी पूछेंगे चचा छक्कन छक्के वाले कहाँ गये। घुमा फिरा के।

जुम्मन : अमाँ, रहने भी दो चचा मियाँ। चले थे क्रिकेट में छक्के मारने। खुद के ही छक्के छुड़ा आये।

छक्कन : *(ज़ोर से चीख़ते हुए)* जुम्मन...
(अपना जूता या चप्पल मारने के लिए निकालता है, जुम्मन भागता है, चाची और चन्द्रावती ज़ोर से हँसती हैं।)

समाप्त

नौकर नहीं चाहिए

पात्र–परिचय

जगदीश कुमार : आयु 35–40 वर्ष

रीना : आयु 30–35 वर्ष, जगदीश की पत्नी

जोशी : आयु 35–40 वर्ष, जगदीश का दोस्त

मालती : आयु 30–35 वर्ष, जोशी की पत्नी

रामजी : आयु 50 वर्ष, जोशी का नौकर

दृश्य एक

(कुछ संगीत के साथ पर्दा उठने पर एक ड्राइंग रूम का सेट लगा है। मंच–सज्जा निर्देशक के अनुसार। मंच पर कोई नहीं है। अचानक नेपथ्य से जोशी का गुस्से से भरा तेज़ स्वर सुनाई देता है।)

जोशी : कौन है, कौन है ये? सत्यानाश हो तुम्हारा, बेड़ा गर्क हो हमें क्या सार्वजनिक कूड़ेदान समझ रखा है जो घर का सारा कचरा कूड़ा हम पर डाल दिया?

मालती : छीः...छीः...छीः ...आक थू...आक थू...थू...

(इसके बाद दरवाज़ा खटखटाने या डोर बेल की आवाज़। मंच की दूसरी तरफ़ से रीना की आवाज़)

रीना : दरवाज़ा खुला है, अन्दर आ जाइए...

(विंग्स में से एक तरफ़ से अपने को झाड़ते हुए जोशी और मालती का प्रवेश। दोनों बुरी तरह से चिढ़े हुए हैं। दूसरी तरफ़ से रीना का प्रवेश।)

रीना : अरे! जोशी भाई साहब, क्या हुआ? ये क्या हाल बना रखा है? क्या आज भी किसी कवि सम्मेलन में कविता पढ़कर आ रहे हैं? *(थोड़ा हँसती है)*।

जोशी : *(मुँह बिगाड़कर)* हूँ।... कविता पढ़कर आ रहे हैं? अजी, हम तो आपके घर आ रहे थे प्रेम–प्यार से। न जाने किस कमबख़्त, नामुराद ने ऊपर से कचरा उलट दिया। आक थू...

(उसके आक थू पर रीना घबराकर पीछे हटती है। तभी अन्दर से हाथ में झाड़ू लिए जगदीश कुमार का घबराए हुए प्रवेश।)

जगदीश : अजी सुनती हो, ग़ज़ब हुआ। वह कचरा तो गली में किसी के ऊपर जा गिरा। *(उसकी नज़र जोशी और मालती पर जाती है। घबरा कर झाड़ू पीछे कर लेता है)* अरे जोशी...मालती भाभी आप...

मालती : अच्छा, तो यह आपकी करतूत है! ख़ूब स्वागत करते हैं आप अपने घर आने वालों का!

जोशी : ये देखो, ये देखो, तुम्हारी गन्दगी...तुम्हें क्या कचरे का डिब्बा लगता हूँ मैं?

(जगदीश घबराहट में जोशी को झाड़ू से झाड़ने लगता है। जोशी गुस्से से झाड़ू हटाता है।)

जगदीश : *(मिमियाते हुए)* माफ़ करो यार, माफ़ करो...ग़लती हो गयी।

रीना : *(गुस्से से)* क्या ग़लती हो गयी? जब देखो तब तुमसे तो गलती ही होती रहती है। कोई काम ढंग से नहीं कर सकते हो। किसी काम में मन लगता हो तब न।

जगदीश : तुम्हीं ने तो कहा था कि अपने घर में झाड़ू लगा कर कचरा सड़क पर फेंक देना।

रीना : ओहो, पर ये तो नहीं कहा था कि अपने घर के ही आगे फेंकना। पड़ोसियों के घर कम हैं क्या? और फिर आते जातों को देखकर फेंकना चाहिए था न...

जोशी : जाने दीजिए, इस बौड़म जगदीश की भी क्या ग़लती? पूरा समाज ही यही कर रहा है। अपने घर का कचरा निकालकर सड़क पर फेंक दो। बस अपना घर साफ़ दिखना चाहिए। भले ही आसपास का सारा वातावरण गन्दा हो जाये।

रीना : आइए, आइए...बैठिए तो सही।

(जोशी और मालती बैठते हैं। रीना भी बैठती है।)

रीना : *(जगदीश से)* अब तुम क्या कुतुबमीनार की तरह से यहाँ खड़े हुए हो? जाओ, जाकर कुछ चाय–वाय बनाओ जोशी भाईसाहब और मालती भाभी के लिए।

जगदीश : जाता हूँ, दो मिनट साँस तो लेने दो।

मालती : क्या बात है रीना? आजकल भाई साहब बड़े घरेलू हो गये हैं! नौकर कहाँ है?

रीना : नौकर तो चला गया।

मालती : *(चौंकते हुए)* क्या! नौकर चला गया। कहाँ चला गया? कैसे चला गया?

जगदीश : अजी, वह जाते वक़्त अपना एग्जिट इंटरव्यू थोड़े देकर गया है जो हमें ये सब पता हो। बस गया तो गया।

मालती : *(भेद भरे स्वर में)* कुछ लेकर तो नहीं गया न? घर का सब सामान तो चेक कर लिया है न?

जगदीश : भाभी जी, हमारे घर में चोर आ जाये तो उसे कुछ ले जाने लायक़ न मिले, नौकर बेचारा क्या लेकर जाता? उलटे हमने ही उसकी दो महीने की तनख़्वाह दबा रखी है।

(जगदीश हँसता है, रीना उसे गुस्से से घूरती है।)

जोशी : पर अब घर का सारा काम कौन करता है? घर तो काफ़ी साफ़–सुथरा नज़र आ रहा है जैसे किसी बहुत अनुभवी नौकर ने घिस–घिस कर सफ़ाई की हो।

(संवाद बोलते बोलते उठकर कुछ सामान या जगह को उँगली से छूकर देखता है।)

रीना : *(गर्व से)* ये सब इन्होंने किया है।

जोशी : *(जगदीश के कन्धे पर हाथ रखकर)* माफ़ करना यार मुझे मालूम नहीं था। सॉरी।

जगदीश : कोई बात नहीं भैया, शादी–शुदा लोगों की तो क़िस्मत में ही लिखा होता है, क़दम–क़दम पर शर्मिंदा होना।

रीना : मैंने कहा, कब तक यूँ ही बातों की जलेबियाँ तोड़ते रहोगे। कुछ सचमुच का चाय नाश्ता बनाकर ले आओ अच्छा–सा।

जगदीश : लाता हूँ डार्लिंग, अभी लाता हूँ।

(जगदीश अन्दर जाने लगता है। मालती जोशी को पीठ पर धक्का मारकर उठा देती है।)

मालती : आप बैठे–बैठे क्या कर रहे हैं? चलिए भाईसाहब की मदद कराइए।

जोशी : *(चौंकता हुआ)* हाँ...हाँ।... क्यों नहीं, क्यों नहीं? चलो यार।...

जगदीश : आओ जोशी प्यारे, बलिदान की राह पर हँसते–हँसते बढ़े आओ।

(दोनों का मार्च पास्ट करते हुए विंग्स की तरफ़ प्रस्थान। साथ–साथ गाते जाते हैं।)

दोनों : क़दम–क़दम बढ़ाए जा, ख़ुशी के गीत गाये जा, ये जिन्दगी है क़ौम की, तू क़ौम पे लुटाये जा।

मालती : अरे रीना बहन, ये चमत्कार कैसे हुआ? मुझे तो विश्वास ही नहीं हो रहा है! क्या घर का सारा काम भाईसाहब ही करते हैं?

रीना : *(इठलाते हुए)* और नहीं तो क्या? सुबह की चाय से लेकर रात के खाने तक और घर की झाड़ू से लेकर बर्तन माँजने तक सारा काम इन्होंने ही सँभाल रखा है।

मालती : *(भावविभोर होते हुए)* ग्रेट रीना, यू आर ग्रेट, तुम धन्य हो *(थोड़ा जोश से)* सारी नारी जाति को तुम्हारी मर्दानगी पर गर्व है। तुमने कितनी आसानी

से जंगल में दहाड़ते शेर को मूँछों से पकड़ कर पालतू बिल्ली बना डाला, वाह!

रीना : *(थोड़ा शर्माते हुए)* बस बस रहने दो मालती। मैंने किया ही क्या है! अपना पतिव्रत धर्म ही निभाया है।

(दोनों पुरुषों का चाय–नाश्ते की ट्रे लिए प्रवेश।)

जगदीश : चाय...चाय गरम...आपकी सेवा में।

(एक जगह ट्रे रखने लगता है।)

रीना : *(डाँटकर)* अरे यहाँ नहीं, वहाँ, वहाँ, रखो मेज पर। *(बड़बड़ाते हुए, मालती से)* देखा तुमने, अपने आप तो कोई काम नहीं कर सकते ढंग से। हर बात में मैं ही गाइड करूँ।

(जगदीश सबको चाय देता है। रीना नहीं लेती है।) सब बैठते है।

मालती : क्यों, क्या हुआ? तुम भी लो न...

रीना : नहीं बहन, मैं कुछ नहीं लूँगी। मेरा उपवास है आज।

मालती : उपवास! आज! किस बात का?

रीना : वो क्या है कि मैं हर सोमवार को उपवास रखती हूँ।

मालती : किसलिए?

रीना : *(बड़े लाड़ से जगदीश को देख कर)*, इनकी लम्बी उम्र के लिए।

जगदीश : *(जोशी के कान में हल्के से)* न रखे तो अच्छा है।

(जोशी हँस पड़ता है। रीना गुस्से से जगदीश को घूरती है।)

जगदीश : *(बात बदलकर)* कैसी लगी चाय भाभी जी?

जोशी : बहुत बढ़िया, बहुत बढ़िया। ऐसा लगता है जैसे किसी चाय बेचने वाले की बनायी चाय ही पी रहे हों।

जगदीश : तुमसे पूछा? तुमसे पूछा मैंने?

मालती : वाक़ई बहुत बढ़िया बनी है भाईसाहब। रीना, भई, तुम बहुत लकी हो जो तुम्हें भाईसाहब जैसा ख़ानदानी नौकर...मेरा मतलब ख़ानदानी वर मिला है।

(चाय ख़त्म होती है। मालती, जोशी को उठने का इशारा करती है। दोनों खड़े होते हैं।)

मालती : चलो, अब हम चलते हैं।

रीना : इतनी जल्दी। जगदीश के हाथ का खाना नहीं खाना है।

मालती : *(जोशी की तरफ़ देखते हुए)* नहीं, अब तो किसी और के हाथ का खाना खाना है।...चलो...

(आपस में बाय–बाय करके अलग होते हैं। मालती और जोशी जाते हैं। जगदीश कप उठाने लगता है। रीना उसे रोकती है और खुद उठाने लगती है, फिर दोनों उठा कर विंग्स से अन्दर चले जाते हैं। पर्दा गिरता है।)

दृश्य दो

(पर्दा उठने पर थोड़े–से परिवर्तन से मंच पर जोशी के घर के ड्राइंग रूम को दिखाया जाता है। मालती कुछ काम कर रही है और जोशी अख़बार पढ़ रहा है।)

मालती : सुनो जी, आज ही अपने नौकर को जवाब दे दो। काम से निकाल दो।

जोशी : जवाब दे दो? पर क्यों?

मालती : क्योंकि आज से घर का सारा काम आप करेंगे।

जोशी : मैं? पर भला किसलिए?

मालती : बात इज़्ज़त की है। जब वह रीना अपने पति से घर का सारा काम करवा सकती है तो मैं क्यों नहीं करवा सकती? वह तो सारा दिन घर पर पड़े–पड़े मोबाइल पर गेम्स खेलती रहती है जबकि मैं तो सर्विस करती हूँ, सर्विस। भला मैं उससे कमज़ोर कैसे हो सकती हूँ? चलो बुलाओ रामजी को, और अभी उसका हिसाब चुकता करो। बहुत सह चुकी उसकी अकड़। अब जब कहीं और काम करेगा तब उसे पता चलेगा कि हर जगह तनख़्वाह के साथ फ़्री वाई–फ़ाई नहीं मिलता है।

जोशी : ज़रा सोच लो। ऐसी क्या जल्दी है। टेक योर टाइम।

मालती : कुछ नहीं सोचना मुझे। बस तुम बुलाओ उसे और दफ़ा करो।

जोशी : *(मरे स्वर में)* रामजी...भैया रामजी

मालती : ऐसे बुलाते हैं? *(चिल्लाती है)* रामजी ओ रामजी... *(रामजी अन्दर से आता है।)*

रामजी : *(बेसब्री से)* क्या काम है? क्यों बुलाया मुझे? पता नहीं, मैं कितना बिजी आदमी हूँ।

मालती : देखो, रामजी बात यह है कि आज तक तुमने हमारी बहुत सेवा की है।

रामजी : चलो देर से ही सही। आप लोगों ने कुछ समझदारी की बात तो की। अब सीधी शराफ़त से मेरी तनख़्वाह की रेलगाड़ी को आगे बढ़ा दो, तीन साल से एक ही स्टेशन पर खड़े–खड़े सीटी बजा रही है।

मालती : पर अब हम तुम्हें नौकरी पर नहीं रखना चाहते हैं।

रामजी : *(तेज़ स्वर)* क्या? क्या कहा? नौकरी पर नहीं रखना चाहते हैं? यानी जिस चीज़ से आपके घर की शोभा है उसे ही घर से निकालना चाहते हैं। लानत है ऐसे मालिकों पर।

जोशी : अरे भाई, जब ये नहीं रखना चाहती हैं तो नहीं रखेंगी। क्यों खामख़्वाह चिल्लाकर अपना गला दुखा रहे हो।

रामजी : तो मेम साहब, मैं भी तो सुनूँ, मेरी जगह कौन दूसरा काम करेगा इस घर में?

मालती : कोई भी करे, तुझे इससे क्या मतलब?

रामजी : मतलब क्यों नहीं? ये जानना मेरा हक़ है कि मेरी नौकरी को खाने वाला साँप कौन है?

जोशी : ओए, ये क्या बोल रहा है?

रामजी : आपके पेट में क्यों छोले उबल रहे हैं। आपको थोड़े ही कुछ कह रहा हूँ।

मालती : कम्बख़्त इन्हीं को तो कह रहा है तू। तेरी जगह यही तो लेने वाले हैं इस घर में। ये सँभालेंगे तेरा काम।

रामजी : ये सँभालेंगे, ये? *(हँसता है)* इनसे अपनी पैंट तक तो ठीक से सम्भलती नहीं है, घर का काम क्या खाक सँभालेंगे?

जोशी : *(जोश में)* रामजी मेरी खुद्दारी को मत ललकार वर्ना मैं अपने घर का क्या, पूरे मोहल्ले का काम सँभाल लूँगा, क़सम से।

रामजी : सुनो मेमसाहब, जाने को तो मैं अभी चला जाऊँगा पर मेरी एक बात याद रखना। ऐसे ऐसे पति तो आपको बहुत मिल जायेंगे पर मेरे जैसा वफ़ादार नौकर नहीं मिलेगा।

जोशी : *(गुस्से से)* मैं सिर फोड़ दूँगा तेरा।

रामजी : *(उपेक्षा से)* हूँ। *(अपनी जेब में हाथ डालकर एक कार्ड निकालता है और मालती को देता है)...* ये लीजिए।

मालती : क्या है यह?

रामजी : मेरा विजिटिंग कार्ड है। इसे रखिए। जब साहब से बोर हो जायें तब मुझे याद करना।

जोशी : अबे, क्या बक रहा है?

मालती : *(गुस्से से)* निकलो, निकलो यहाँ से अभी के अभी।

रामजी : जाता हूँ। सेठ जी, ऑल द बेस्ट।

(रामजी जाता है।)

जोशी : *(घबराकर)* ये तो सचमुच चला गया!

मालती : चला गया तो जाने दो। अब तुम झाड़ू उठाओ और शुरू हो जाओ।

जोशी : मैं...मैंने तो कभी कुछ नहीं किया।

मालती : नहीं किया तो अब करोगे। लो, शुरू करो, शुभस्य शीघ्रम्।

(एक कोने से उठाकर जोशी के हाथ में झाड़ू देती है।)

जोशी : *(अपने आप से)* अबे, जगदीश के बच्चे मरवा दिया तूने।

मालती : च...लो...

जोशी : चलो जोशी प्यारे, जब अपनी क़िस्मत के फर्श पर ही झाड़ू फिर गयी तो घर के फ़र्श पर झाड़ू लगाने में क्या शर्म करना।

(अन्दर जाता हैं।)

मालती : *(स्वयं से)* हे भगवान तेरा लाख–लाख शुक्र है। शादी के इतने सालों में आज मुझे पहली बार गृहस्थी का पूरा–पूरा आनन्द मिल रहा है। भला हो बेचारी रीना का, क्या ख़ूब रास्ता दिखाया है। अब हर महीने नौकर की तनख़्वाह के पैसों की जो बचत होगी वह मेरी शॉपिंग के काम आयेंगे। क्या बात है! *(ख़ुशी से गुनगुनाती है)*... पति करे घर के सब काम, पत्नी नाचे–गाये।

(गाने की धुन गीत 'खुशी खुशी कर दो विदा तुम्हारी बेटी राज करेगी', इस पर साथ साथ खुशी से नाचती भी है। तभी अन्दर से कुछ सामान गिरने की आवाज़ आती है।)

मालती : *(चिन्तित स्वर)* अजी, क्या तोड़ा–फोड़ा?

(नेपथ्य से जोशी की आवाज़)

जोशी : कुछ नहीं, वो ज़रा फूलदान टूट गया।

मालती : हाय राम! मेरा फूलदान तोड़ दिया! पन्द्रह सौ का ख़रीदा था पिछले मेले में। *(चिल्लाकर)* ज़रा संभलकर काम करो, सुना क्या...

(फिर किसी चीज़ के गिरने की आवाज़ आती है।)

मालती : *(घबराकर)* अब क्या गिराया?

जोशी : *(नेपथ्य से)* दीवार की घड़ी गिर गयी।

मालती : *(रोते स्वर में)* हाय–हाय मेरे पिताजी की दी हुई घड़ी भी तोड़ दी। कितना नुक़सान कर डाला? सत्यानाश जाये रीना का, न उसके घर जाते, न ऐसा आइडिया मिलता, न इतना नुक़सान होता। अब क्या करूँ? ताव में आकर नौकर को भी निकाल दिया।

(रीना और जगदीश का प्रवेश।)

रीना : क्यों मालती, क्या हो रहा है?

मालती : अरे! आप दोनों यहाँ? अभी सुबह ही तो हम आपके घर आये थे।

जगदीश : हम इधर मार्केट में आये थे। सोचा, चलो दो मिनट के लिए आप लोगों से भी मिल लेते हैं। ये जोशी कहाँ है? दिख नहीं रहा। *(अन्दर की तरफ़ मुँह करके ज़ोर से चिल्लाता है)* जोशी...ओ जोशी...

(अन्दर से अस्त–व्यस्त हालत में हाथ में झाड़ू पकड़े जोशी आता है। उसकी हालत देख कर रीना और जगदीश हँसने लगते हैं।)

जगदीश : क्यों बन्धु, क्या हो रहा था?

जोशी : *(खिजाए स्वर में)* तुमको ही रो रहा था। कम्बख़्त ख़ुद तो डूबा हुआ था, मुझे भी डुबो दिया।

जगदीश : अरे यह क्या कह रहा है?

जोशी : सही कह रहा हूँ। अपने ही घर में नौकर बन गया हूँ। दिन रात घर में रौब झाड़ा करता था, अब सोफ़े, कुर्सी की धूल झाड़ रहा हूँ। किस जन्म का बदला लिया तूने।

जगदीश : विशुद्ध इसी जन्म का। बल्कि कुछ दिन पहले का। याद है कुछ दिन पहले जब हमने तुम दोनों को अपने घर खाने पर बुलाया था तब मुझे घर के काम में अपनी श्रीमती जी की मदद करते देख कर तूने कितना मज़ाक उड़ाया था मेरा। बस उसी दिन मैंने सोच लिया था कि ठीक है बच्चू, मैं भी ऐसा चक्कर चलाऊँगा कि तू भी घनचक्कर बन जायेगा।

रीना : *(हँसते हुए)* और क़िस्मत से आज सुबह ही आप लोगों का कॉल आया कि आप लोग हमसे मिलने आ रहे हैं। बस हमारा एक्शन प्लान तैयार हो गया। और आपके सामने नौकर जाने का, इनके घर के काम करने का नाटक कर दिया।

मालती : नाटक! तो वह आपका नाटक था!

जगदीश : हाँ, हाँ...कैसी लगी मेरी एक्टिंग?

मालती : हाय–हाय! तुम्हारे नाटक के चक्कर में मेरे पिताजी की दी हुई घड़ी टूट गयी। नौकर को भी निकाल दिया। *(रुआँसी होती है)*

जोशी : और झाड़ू देते–देते मेरी तो कमर ही बोल गयी। *(रीना और जगदीश हँसते रहते हैं।)*

जगदीश : बन्धु, नुक़सान जो हुआ सो हुआ, उसे जाने दो। पर आज से एक बात गाँठ बाँध लो कि घर का काम करने से कोई छोटा नहीं होता है। क्यों ठीक है न?

जोशी : हाँ भई हाँ, मान लिया। पर नौकर...

रीना : अरे भाई साहब, अब नौकर–वौकर छोड़िये। गया तो गया। पति–पत्नी मिल कर काम कीजिए। क्यों मालती?

मालती : हाँ, मैं तैयार हूँ।

जोशी : *(मरा स्वर)* मैं भी तैयार हूँ।... अच्छा अब आप लोग बैठिए।

(सब बैठते हैं।)

जोशी : *(मालती से)* सुनो ज़रा चाय बनाकर लाना इन लोगों के लिए।

बाकी सब : *(ज़ोर से)* क्या...

जोशी : नहीं, नहीं...ग़लती हो गयी...मैं लाता हूँ चाय बनाकर *(जोशी उठकर खड़ा होता है और विंग्स की तरफ़ जाने लगता है। उसी के साथ सब हँसते हुए उठकर खड़े हो जाते हैं।)*

समाप्त

कुँवारा सम्मेलन

पात्र–परिचय

सभी पात्र 45 से 50 की आयु वर्ग में हैं, सिर्फ़ लाला पारसमल 60 से ऊपर के हैं।

पुरुष–पात्र

संयोजक

सक्सेना जी

जोशी

टाइगर सिंह (पहलवान)

लाला पारसमल

पंकज कुमार

महिला–पात्र

रमा

शालिनी जी

मालती

सविता

(कुछ अन्य स्त्री–पुरुष, निर्देशक की इच्छा पर)

दृश्य एक

(स्टेज पर कुछ कुर्सियाँ लगी हैं, एक मेज़ है जिस पर मेज़पोश है उसके पीछे 4 कुर्सियाँ रखी हैं। उनके पीछे कुँवारा सम्मेलन लिखा बैनर या बड़ा पोस्टर है। कुर्सियों की व्यवस्था इस प्रकार होगी जिससे दर्शकों को सब लोग दिखायी दें। पर्दा उठने पर दो–दो, एक–एक करके लोग आते हैं और एक दूसरे का अभिवादन करते हैं। 'आप कैसे हैं?', "ठीक हूँ" आदि बातें करते हैं। कुछ देर बाद सबसे नमस्ते करता हुआ संयोजक आता है।)

संयोजक : बैठ जाइए, बैठ जाइए...सम्मेलन की कार्यवाही शुरू होने वाली है...आप सब स्थान ग्रहण कीजिए...

एक दो लोग : चलो, चलो, बैठ जाते हैं।

(लोग एक एक करके बैठते हैं। फिर भी एक आदमी सक्सेना, एक कोने में मोबाइल पर बात करते हुए....खड़ा है।)

संयोजक : सक्सेना जी...मैंने कहा सक्सेना जी...मोबाइल बन्द कीजिए...

(सक्सेना अपनी धुन में लगा है। संयोजक एक व्यक्ति को इशारा करता है। वह व्यक्ति जाकर सक्सेना के हाथ से मोबाइल ले कर संयोजक की तरफ़ जाता है।)

सक्सेना : अरे, अरे...ये क्या कर रहे हो?

(व्यक्ति मोबाइल संयोजक को देता है। संयोजक गुस्से से मोबाइल ऑफ़ करता है और फिर

अपने पास आये सक्सेना के हाथ में दे देता है। सक्सेना गुस्से से भरा अपनी कुर्सी पर जाकर बैठता है। संयोजक खड़ा होकर बोलता है।)

संयोजक : मेरे प्यारे भाइयों और बहनों...

मिस रमा : अरे साहब।... साथ में कुँवारा तो कहिए...

संयोजक : हाँ, हाँ...मेरे प्यारे कुँवारे भाइयों और बहनों, संसार के इस अभूतपूर्व कुँवारा सम्मेलन में मैं आप सब दुःखियारों का दुःखी दिल से स्वागत करता हूँ। दोस्तों, बड़े दुःख की बात है कि इस विवाह प्रधान समाज में हम कुँवारों के आँसुओं को डाक टिकट गीला करने तक के लायक़ नहीं समझा जाता है। हमें अपने आँसू बहाने के लिए किसी दूसरे का कन्धा तक नसीब नहीं होता है। ऐसे विपरीत माहौल में इस कुँवारा सम्मेलन का आयोजन अपने दुःख–दर्द बाँटने का एक सुनहरा अवसर है। आज के इस कुँवारा सम्मेलन में कुँवारा जीवन की विभिन्न धाराओं के प्रतिनिधि अपने कुँवारे विचार आपके सामने रखेंगे। जिन्हें सुनकर यदि आपकी आँख में आँसू भर आयें तो सीट के साथ रखे टिश्यू पेपर से पोंछ लें।

(तालियाँ बजने के साथ)

मिस रमा : क्या धाँसू व्यवस्था है।

(संयोजक हाथ से जोशी को उठने का इशारा करता है।)

जोशी : *(विज्ञापन के अन्दाज़ में)* : आज के कुँवारा सम्मलेन के प्रायोजक हैं, 'हनीमून टूर एंड ट्रेवल्स' शादी के बाद, शादीशुदा करें याद हनीमून ट्रेवल्स को, *(बैठता है)*

सविता : लो, पहले ही जले पर नमक छिड़क दिया।

संयोजक : शान्त रहिये...शान्त रहिये...साथियो, मैं इस सम्मेलन की अध्यक्षता के लिए हमारे शहर के सुप्रसिद्ध कुँवारे पहलवान टाइगर सिंह जी का नाम प्रस्तावित करता हूँ।

(पहलवान जी उठते हैं पर सक्सेना की बात सुनकर धप्प से वापस अपनी कुर्सी पर बैठ जाते हैं।)

सक्सेना : पर पहलवान जी ही क्यों? अखण्ड कुँवारे लाला पारसमल क्यों नहीं?

संयोजक : भाइयों, ध्यान रखिए कि हम कुँवारों की सामाजिक हालत बहुत कमज़ोर है, ऐसे में हमारा नेतृत्व टाइगर सिंह जी के मज़बूत कसरती हाथों में रहे तो बेहतर होगा।

मिस रमा : किन्तु इस समारोह में महिलाएँ भी काफ़ी संख्या में उपस्थित हैं, इसलिए हमें भी अध्यक्षता में प्रतिनिधित्व मिलना चाहिए।

संयोजक : अच्छा सुझाव है। पर आपकी तरफ़ से अध्यक्षता कौन करेगा?

मिस रमा : मैं इसके लिए सुपरिचित समाजसेविका शालिनीजी का नाम प्रस्तावित करती हूँ। जिन्होंने शादी के 101 प्रस्तावों को ठुकराकर एक रिकॉर्ड स्थापित किया है।

कुछ आवाज़ें: सही है, सही है।

संयोजक : तो ठीक है, दोनों अध्यक्षों से अनुरोध है कि मंच पर आकर पाणिग्रहण करें *(लोगों की तेज़ हँसी)*... मेरा मतलब स्थान ग्रहण करें।... तालियाँ

(सब तालियाँ बजाते हैं। टाइगर और शालिनी मेज़ के पीछे रखी कुर्सियों में बीच की कुर्सियों पर बैठते हैं, उनके बीच में संयोजक और एक तरफ़ जोशी बैठता है।)

संयोजक : अब हमारे शहर के स्थायी कुँवारे शायर बेताब अकेले अपने कलाम द्वारा इस सम्मेलन की शुरुआत करेंगे। *(थोड़ा ज़ोर से)* तो आ रहे हैं अकेले–अकेले, शायर बेताब अकेले...

बेताब : हाज़रीन, अपने दिल के ग़मों के छोटे–छोटे टुकड़ों को माइक्रोस्कोप की मदद से इकट्ठा करके एक गजल की शक्ल में तराशकर पेश कर रहा हूँ। आपकी हमदर्दी चाहूँगा...

कुछ लोग : बेशक, बेशक...

बेताब : तो हुजूर...

हम कँवारों की, क्या हस्ती,
न अपना कोई गाँव, न बस्ती।
महँगे हैं, सब विवाहित,
क़ीमत है अपनी सस्ती।
सबसे दुःखी हैं, हम पर,
हँसते हैं, ज़बर्दस्ती।
रहते हैं हम, अकेले,
दुनिया करे जब मस्ती।

(बीच–बीच में श्रोता वाह, वाह 'सुभान अल्लाह' मार डाला 'आदि के साथ' क्या अकेलापन है, 'खूब कहा अकेले जी' आदि कहते हैं। ग़ज़ल समाप्त करके बेताब बैठते हैं।)

संयोजक : बेताब अकेले की इस दर्द–भरी ग़ज़ल के बाद सबसे पहले घरेलू कुँवारी महिलाओं की प्रतिनिधि मालती बहन अपने कुँवारे विचार आपके समक्ष रखेंगी। आइए मालती जी।

(मालती आकर बोलती है।)

मालती : हम घर पर रहने वाली कुँवारियों के दुःख–दर्द की क्या पूछते हैं?

जोशी : जाने दीजिए, नहीं पूछते हैं। *(कुछ लोग हँसते हैं।)* *(मालती और संयोजक उसे घूरते हैं। वह मुँह पर हाथ रख लेता है।)*

मालती : सारा दिन अड़ोस–पड़ोस की बड़ी–बूढ़ियों के ताने सुनते हुए बीतता है। उनके व्यंग्य–बाणों से हमारा हृदय भीष्म पितामह के शरीर की तरह से छलनी हो जाता है पर उनके तीर ख़त्म नहीं होते हैं। हर समय हम में ही खोट तलाशती रहती हैं। मैं एम.ए. पास हूँ और *(शर्माकर)* जैसाकि आप देख रहे हैं कुछ...कुछ सुन्दर भी हूँ...

टाइगर सिंह : अवश्य, अवश्य।

मालती : *(हँसकर)* धन्यवाद। किन्तु विवाह के बाजार में गुण नहीं, पैसा चलता है। मेरे पिताजी दहेज के लोभियों की लम्बी चौड़ी माँग पूरी नहीं कर सकते थे इसलिए उन्हें बार–बार के अपमान से बचाने के लिए मैंने स्वयं अविवाहित रहने का निर्णय ले लिया।

शालिनी : बहुत सही निर्णय लिया।

मालती : वैसे मैं यह निर्णय लेने के बाद बहुत सन्तुष्ट हूँ। चैन से सोती हूँ किन्तु हमारे पड़ोस की कितनी ही महिलाएँ मेरी माँग को सिन्दूर भरा देखने की चिन्ता में रात रातभर करवटें बदलती रहती हैं। हमारे निगोड़े रिश्तेदार रोज़ न जाने कैसे कैसे सड़े–गले रिश्ते लेकर चले आते हैं और चाहते हैं कि मेरे पिताजी घर–बार बेचकर भी किसी तरह से मेरा विवाह कर दें। मेरा प्रश्न यही है कि इस समाज में क्या किसी को इज़्ज़त के साथ कुँवारा रहने का भी अधिकार नहीं है?
(आँखों को पोंछती हैं।)

(तालियाँ बजती हैं और मालती आँखें पोंछते पोंछते अपनी जगह पर जाकर बैठती है।)

संयोजक : मालती बहन के इस विचारपूर्ण वक्तव्य के पश्चात मैं पुरुष वर्ग के एक ऐसे प्रतिनिधि को बुला रहा हूँ जिसकी छाती कुँवारेपन के घावों को झेलते–झेलते हल्दीघाटी का मैदान बन गयी है। श्री पंकज कुमार...

(पंकज उठ कर मंच यानी मेज के समीप आता है।)

पंकज कुमार : साथियो, ज़रा एक नज़र मेरे चेहरे पर डालिए। भरी जवानी में ही कैसा पिटा–पिटा नज़र आता है। दूसरे शहर से यहाँ नौकरी करने क्या आया कि मानो मुसीबतों का पहाड़ सिर पर ले लिया। कोई रहने को मकान तक किराये पर देने के लिए तैयार नहीं है। जहाँ भी मकान किराये पर लेने के लिए पहुँचा मेरा कुँवारापन लोगों की निगाहों में मेरा आवारापन बन गया। वे मुझे ऐसे देखते हैं जैसे कि कोई ख़तरनाक क़ैदी जेल से छूटते ही उनसे गले मिलने आ गया हो। तुरंत अपनी पत्नी और बेटियों को अन्दर भेजकर मुझे बड़ा बेआबरू करके अपने कूचे मतलब घर से निकाल देते हैं।

जोशी : अजी, ये विवाहित लोग बड़े शक्की होते हैं।

मिस रमा : वे अपनी तरफ़ देखें तो सच्चाई पता चले।

पंकज कुमार : जी हाँ, मैंने अपने इस लम्बे बैचलर कैरियर में ऐसे कितने ही विवाहितों को देखा है जो हमारे सीधे–सादे कुँवारेपन की आड़ लेकर बेशर्मी से गुलछर्रे उड़ाते हैं।

कुछ लोग : सही बात है, सही बात है।

पंकज कुमार : मेरे एक घनिष्ठ शादीशुदा मित्र हैं। एक बार किसी महिला मित्र के साथ घूम रहे थे कि उनकी श्रीमती जी ने पकड़ लिया। तो...तो...मेरे उस बगुला भगत

दोस्त ने तुरन्त उस महिला मित्र को मेरी मित्र बता दिया और उसकी श्रीमती ने उस तथाकथित चरित्रवान पति को मेरे जैसे आवारा व्यक्ति से दूर रहने का उपदेश सुना दिया। उस पर तुर्रा यह कि मैंने अपने उस दोस्त से पूछा कि तूने मेरे चरित्र की सफेद दीवार पर काला पेंट क्यों छिड़का? तो वह बेशर्मी से बोला, 'यार तू तो अभी कुँवारा है, तुझे इन बातों से क्या फ़र्क़ पड़ता है?'

टाइगर सिंह : *(शालिनी की तरफ़ देख कर)* छिः छिः छिः! कैसी निर्लज्जता है।

(दोनों एक–दूसरे को देखकर मुस्कुराते हैं।)

पंकज कुमार : दोस्तों, इन शब्दों के साथ मैं अपना दुखड़ा समाप्त करता हूँ।

(तालियाँ बजती हैं। पंकज कुमार अपनी जगह वापस जाता है। बीच में एक आदमी उठकर उसके साथ मोबाइल से सेल्फ़ी निकालने लगता है। संयोजक उठकर मेज़/मंच के उसी किनारे पर जाता है जहाँ सेल्फ़ी खिंच रही है। उसकी कुर्सी ख़ाली होते ही, टाइगर सिंह शालिनी के पास आ बैठता है। अब हर बार किसी वक्ता की बात समाप्त होते ही वे एक–दूसरे से हल्के–हल्के बात करते तथा बीच–बीच में एक–दूसरे को देखकर मुस्कुराते हुए दिखायी देंगे।)

संयोजक : देखिए, ये सेल्फ़ी–वेल्फ़ी के चक्कर में मत पड़िए, मुद्दे से ध्यान भटकता है। दोस्तों, अब मैं सुश्री सविता मैडम को आमन्त्रित कर रहा हूँ। आप एक कामकाजी कुँवारी महिला हैं और ख़ासतौर से इस वर्ग की परेशानी को सामने रखेंगी। ज़ोरदार तालियों से स्वागत कीजिए सविता मैडम का।

(संयोजक वापस आकर अपनी कुर्सी पर बैठने के चक्कर में टाइगर सिंह की गोद में बैठ जाता है फिर हड़बड़ाकर उठकर टाइगर की कुर्सी पर बैठ जाता है।)

सविता : गुड इवनिंग, लेडीज एंड जेंटलमेन, हम कामकाजी कुँवारियों की परिस्थिति इतनी ख़राब है जिसे सुनकर मुझे डर है कि आपमें से किसी कमज़ोर दिल वाले को हार्ट अटैक न पड़ जाये।

सक्सेना : चिन्ता न कीजिए एक कुँवारा डॉक्टर भी है यहाँ।

बेताब अकेले : ज़रा रुकिए, मैं अपनी दिल की दवाई खा लूँ। ख़तरा क्यों लेने का?

(एक गोली मुँह में रखता है।)

सविता : मुझे मेरे दुःख को हल्का करने दीजिए मेरे प्यारे भाइयों...

टाइगर सिंह : *(शालिनी की तरफ़ देखकर धीरे से)* लगता है, ये ज़्यादा भाई–भाई बोलने की वजह से ही कुँवारी रह गयीं।

(कुछ लोग हल्के–से हँसते हैं।)

सविता : हम कामकाजी कुँवारी महिलाओं की बड़ी मुसीबत है। ऑफ़िस का हर आदमी हमारे अधिक से अधिक निकट रहने की कोशिश करता है। हमें आकृष्ट करने के लिए लोग बड़ी से बड़ी मूर्खता भी पूरी ग़भीरता से करते हैं। जब मैं अपने वर्तमान ऑफिस में आयी तो वहाँ का माहौल ही बदल गया। सफ़ेद सिर हेयर डाई से काले होने लगे। शादीशुदा पुरुष कुँवारे होने का दिखावा करने लगे और मनहूस चेहरों वाले सारा दिन बिना बात हँसने लगे। मुझसे बात करने की फिराक में, कुछ लोग तो अपनी सीट पर बैठे बैठे सारा दिन मुझ पर ऐसे

नज़र रखते हैं कि मुझे फ़ाइलों से सिर उठाने में भी घबराहट होने लगती है। *(रुँधे गले से)*, और उस पर भी, उस पर भी...यही छैल–छबीले अपने आपको सद्चरित्र साबित करने के लिए मेरी पीठ पीछे मेरे चरित्र पर गन्दे गन्दे इलज़ाम लगाते रहते हैं। *(हल्की रुलाई)*

शालिनी : शान्त सविता मैडम शान्त। हम कुँवारों के भाग्य में तो वैसे ही रोना लिखा है कम से कम यहाँ तो न रोयें।

(शालिनी खुद अपनी आँखें पोंछने लगती है। टाइगर सिंह फ़ौरन अपना रुमाल उसे देता है।)

संयोजक : आप अपनी जगह बैठें। *(सविता अपनी कुर्सी पर जाती है।)* दोस्तो, अब मैं हम कुँवारों के भीष्म पितामह लाला पारसमल को पकी उम्र के कुँवारों की व्यथा सुनाने के लिए आमन्त्रित करता हूँ। आइए लाला जी..

(बीच में टाइगर सिंह और शालिनी सिर से सिर मिलाकर कुछ कानाफूसी करते हैं।)

लाला पारसमल : उम्र बीत गयी कुँवारा रहते–रहते, अब तो ये कुँवारापन, ये अकेलापन एक आदत बन गयी है। पर फिर भी ये बेदर्द जमाना कोई न कोई ऐसी सुई चुभो देता है कि अपना कुँवारापन नाजायज़ औलाद की तरह से खलने लगता है। सिर्फ़ कुँवारा होने के कारण समाज में वह सम्मान न पा सका जो मेरी आयु के बुजुर्ग को मिलना चाहिए। शादी–ब्याह, खुशी ग़म, किसी मौक़े पर मुझसे सलाह नहीं की जाती है। सोचते हैं, मुझे दुनियादारी की क्या समझ? अब इन नासमझों को कौन समझाये कि

हम घोड़ी नहीं चढ़े तो क्या हुआ, बरातें तो बहुत देखी हैं। किसी भी अवसर पर जब सबको आदर सहित न्यौता जाता है तो मुझसे कहा जाता है *(स्वर बदलकर)* आप भी आ जाना खाना खाने के लिए। हाय, हाय! दिल छलनी हो जाता है इन बातों से। दावतों में अक्सर लोग यह कह कर छेड़ते हैं कि पारस चाचा के यहाँ तो उनकी तेरहवीं की दावत ही खाने को मिलेगी।

सक्सेना : *(खड़े होकर)* शेम, शेम।

मिस रमा : शेम, शेम।

(इतने में टाइगर सिंह और शालिनी उठकर विंग्स की तरफ़ चले जाते हैं। उनको जाता देखकर संयोजक उनके पीछे "सुनिए, रुकिए, कहाँ जा रहे हैं?" कहता हुआ जाता है। पारसमल अपनी जगह जाते हैं। वहाँ बैठे लोगों में बातचीत होने लगती है : "ये दोनों अध्यक्ष कहाँ चले गये", "कुछ बुरा लग गया क्या?", "शायद टॉयलेट गये हैं, आते होंग।" तभी संयोजक परेशान सा लौटकर आता है।)

संयोजक : बहनो और भाइयो, बहुत दुःखद समाचार है। इधर हम आपस में एक दूसरे का दुःख बाँट रहे थे और उधर अध्यक्ष टाइगर सिंह और अध्यक्षा शालिनी जी मंच पर बैठे–बैठे एक–दूसरे को दिल दे बैठे। इससे भी बड़े दुःख की बात तो यह है कि उन्होंने आपस में शादी करने का निर्णय भी ले लिया है। अतः हमने मजबूरन यह सम्मेलन यहीं समाप्त करना पड़ रहा है क्योंकि मुझे डर है कि यदि यह सम्मेलन कुछ देर और चला तो कहीं यह कुँवारा सम्मेलन–विवाह सम्मेलन में न बदल जाये।

अगली बार यह सम्मेलन किसी ठोस कुँवारे की अध्यक्षता में आयोजित किया जायेगा तब तक यदि आप कुँवारे रहे तो अवश्य आइएगा। धन्यवाद।
(सब उठकर एक बार विंग्स से स्टेज के बाहर जाते हैं और फिर वापस आकर दर्शकों का अभिवादन करते हैं।)

समाप्त

शरीफ़ों की शान्ति

पात्र–परिचय

पप्पू दादा : आयु 25–30 वर्ष, मोहल्ले का गुण्डा

शोहदा एक : आयु 20–25 वर्ष, गुण्डा गिरोह सदस्य

शोहदा दो : शोहदा एक की तरह

पानवाला : आयु 50 वर्ष

गुप्ता जी : आयु 50 वर्ष के लगभग, बैंक मैनेजर

युवा लड़की : आयु 20 वर्ष के लगभग

लड़की का पिता : आयु 50 वर्ष के लगभग

(कुछ अन्य लोग, निर्देशक की इच्छा पर)

दृश्य एक

(एक तरफ़ से दो शोहदे गुस्से से चिल्लाते और किसी को मारने के इशारे करते हुए आते हैं। वे मुड़ कर विंग्स की तरफ़ देखते हुए उलटे चलते हुए आते हैं।)

शोहदा एक : अबे, तेरी तो...भाग, भाग यहाँ से।...हाथ तोड़कर हाथ में दे दूँगा।

शोहदा दो : किसके हाथ में?

शोहदा एक : उसी के।

शोहदा दो : पर वो तो तब टुण्डा हो जायेगा न। *(फिर विंग की तरफ़ देखा कर)* अबे, जाता है या वहीं आकर दो लगाऊँ कान के नीचे।

शोहदा एक : हिम्मत है तो यहाँ आ फिर देख तुझे दिखाता हूँ दिन में तारे।...

(अचानक दोनों थोड़ा डरकर पीछे हटते हैं और एक दूसरे के पीछे होने की कोशिश करते हैं।)

शोहदा दो : अरे गुरु, ये तो सच में आ रहा है। कहीं मारेगा तो नहीं?

शोहदा एक : *(थोड़ा और पीछे हटते हुए)* पता नहीं? आये तो तुम सँभाल लेना।

शोहदा दो : *(अटकते हुए)* म...म...मैं

(फिर नॉर्मल होते हैं।)

शोहदा एक : ओह, अरे वो तो अपनी चप्पल उठाने के लिए आगे बढ़ा था। भाग गया ससुरा, तुम ख़ामख़्वाह डर गये।

शोहदा दो : मैं, मैं कहाँ डरा हूँ, मैं तो उस पर हमला करने के लिए अपने शरीर को सिकोड़ रहा था जैसे शेर सिकोड़ता है, शिकार पर हमला करने से पहले।

शोहदा एक : वैसे भी अपन दोनों पप्पू दादा के चेले हैं, हम भला किसी से डर कर अपने मोहल्ले में वर्ल्ड फ़ेमस डॉन पप्पू दादा का नाम ख़राब करेंगे क्या?

शोहदा दो : और ये आदमी तो वैसे भी मोहल्ले में शरीफ आदमी के नाम से जाना जाता है, भले ही हम इस पर अपनी गुण्डागर्दी के कितने भी दाग़ लगा दें ये हम जैसे गुंडों से उलझ कर अपनी शराफ़त पर दाग़ नहीं लगायेगा।

(दोनों हँसते हैं। अब दोनों अकड़ में आ जाते हैं।)

शोहदा एक : अरे ये तो हम हैं जो उसे यूँ ही जाने दिया इस मूली जैसे पतले शरीफ आदमी को। अपने पप्पू दादा होते तो काट काट कर उसका सलाद बना देते।

शोहदा दो : और नहीं तो क्या? भाईसाहब, अभी परसों ही तो अपने पप्पू दादा ने रामलाल मोहल्ले के टिंकू पहलवान को उसी की गली में घुसकर ऐसा मारा, ऐसा मारा कि बन्दा छह महीने के लिए सरकारी अस्पताल का मेहमान हो गया।

शोहदा एक : सच्ची? तूने देखा था क्या?

शोहदा दो : नहीं, पर पप्पू दादा ने खुद बताया था कल मुझे।

शोहदा एक : पप्पू दादा की तो बात ही एक़दम ग़ज़ब है। अकेले अपने दम पर बड़े से बड़े गुण्डे से पंगा ले लेते हैं। हम में से किसी को भी साथ नहीं ले जाते हैं। वो तो जब कभी वे खुद उन गुण्डों

की सुताई के क़िस्से सुनाते हैं तब हमें पता चलता है। सच कहूँ तो मुझे ऐसा लगता है कि उनका दबदबा हमारे इस मोहल्ले में ही नहीं, पूरे शहर में चलता है, बस हमें इसका पता नहीं है।

शोहदा दो : पता कैसे होगा, अपनी गुण्डा कम्पनी में हमारी पोस्टिंग तो इसी मोहल्ले की सीमा तक है, उसके आगे जाने के लिए प्रमोशन ही नहीं हुआ। पप्पू दादा ने किया ही नहीं। *(इधर–उधर देखकर)* आज अड्डे पर आये नहीं अभी तक।

(विंग में दूसरी तरफ़ से एक पानवाला अपनी डलिया लिए तेज़ी से आता है और इन दोनों को देखकर उतनी ही तेज़ी से मुड़ जाता है।)

पानवाला : ये किन परमानेंट नल्लों का मुँह दिख गया सवेरे सवेरे। भाग ले बेटा...

शोहदा एक : अबे भागता कहाँ है, रुक, रुक...

(तब तक शोहदा दो दौड़कर उसे पकड़ लेता है।)

शोहदा दो : साले हमें देखकर भाग रहा था, ऐसा कन्टाप दूँगा कान के नीचे कि कान का कानपुर बन जागेगा।

(पानवाले की गर्दन पकड़ कर मंच के बीच खींच लाता है जहाँ उसकी दुकान का बोर्ड/कट आउट लगा है। शोहदा एक भी अपनी आस्तीन चढ़ाता हुआ वहीं आ जाता है।)

शोहदा एक : एक तो ससुरा वैसे ही देर से आया है, पप्पू दादा के आने का टाइम हो गया है। बेटा, अगर वो आ गये होते न तो बस समझ ले, तुझे इतना मारते कि अपना सारा चूना तुझे अपने बदन पर लगाना पड़ जाता, क़सम से। चल अब जल्दी से अपनी दुकान शुरू कर।

(उसे मारने के लिए मुक्का दिखाता है।)

पानवाला : जी...जी...करता हूँ, बस कर ही रहा हूँ।

शोहदा दो : अबे देख देख, पप्पू दादा आ रहे हैं।...माशाल्लाह क्या मस्त चाल है! लगता है जैसे कोई साँड़ अभी–अभी किसी खेत की फ़सल उजाड़ कर आया हो। चल चल उन्हें अपने साथ लेकर आयें...

(दोनों विंग्स की तरफ़ जाते हैं। पीछे से पानवाला बड़बड़ाता है।)

पानवाला : न जाने कब इन मनहूसों से पीछा छूटेगा इस मोहल्ले का। इनके पप्पू दादा की दादागिरी से पूरा मोहल्ला परेशान है। डर के मारे कोई कुछ कहता नहीं है। भई, शरीफ़ों का मोहल्ला जो है। मेरा तो मन करता है इस पप्पू दादा को देखते ही दो झापड़ रसीद कर दूँ।

(इसी बीच विंग्स से पप्पू दादा का अकड़ते हुए प्रवेश पीछे दोनों शोहदे। उनमें से अपने रुमाल से उन्हें पंखा झल रहा है, दूसरे ने हाथ में छोटा– सा तौलिया पकड़ रखा है, जिसे लेकर पप्पू दादा बीच–बीच में अपना पसीना पोंछते हैं। पानवाले का संवाद उनके नज़दीक आने तक चलेगा। जैसे ही वे नजदीक आते हैं, पानवाला लपक कर हाथ जोड़कर खड़ा हो जाता है।)

पानवाला : आइए, आइए मालिक। आपका ही इन्तज़ार कर रहे थे हम सब।

(अपने गमछे से उनके बैठने की जगह साफ़ करता है। चेहरे पर चापलूसी मुस्कान है।)

पानवाला : बैठिये हुजूर, मैं पान लगाता हूँ आपके लिए। चूना ज़्यादा न?

शोहदा एक : दादा ये अकेला ऐसा बन्दा है इस मोहल्ले में जो आपको चूना लगाता है

शोहदा दो : और वो भी कहकर... *(दोनों हँसते हैं पर पप्पू दादा उन्हें घूरकर देखता है तो शान्त हो जाते हैं।)*

पप्पू दादा : तुम दोनों चंगु–मंगू बहुत ही–ही करते हो, कपिल शर्मा के शो में आये हो क्या? मामले की सीरियसनेस को समझते नहीं हो। अभी अगर दोनों की गर्दन मरोड़ दी ना तो ये हँसी आख़िरी हँसी बन जायेगी।

(दोनों घबराकर चुप हो जाते हैं।)

पप्पू दादा : वो कल रात को...लाल कुएँ वाला चाकूबाज... क्या नाम है उसका

शोहदा दो : गुल्लू खलीफा...

पप्पू दादा : अबे काहे का ख़लीफ़ा? कल रात भिड़ गया था मेरे से ताश के अड्डे पर। बेटे को वो धोया, वो धोया कि नानी याद करा दी उसे। ख़लीफ़ाई का सारा नशा उतार दिया उसका।

शोहदा एक : वाह उस्ताद वाह

शोहदा दो : अरे हुजूर, वाह! पप्पू दादा बोलिये।

(बैंक मैनेजर गुप्ता जी का प्रवेश। बैंक जाने को तैयार हैं। पानवाले के पास आते हैं।)

पप्पू दादा : आइए, आइए गुप्ता जी, मैनेजर साहब, बैंक ठीकठाक है ना आपका?

गुप्ता जी : आपकी कृपा से सब ठीक है पप्पू जी। *(पानवाले से)* मेरा पान लगाना।

पप्पू दादा : ज़रा चकाचक पान बनाना मैनेजर साहब का। अपने मोहल्ले की शान हैं। *(अपने शोहदों से)* बेचारे बड़े शरीफ इन्सान हैं। पिछले साल इनसे

दस हज़ार रुपये माँगे थे चुपचाप दे दिये थे इन्होने, और देखो अभी तक वापस नहीं माँगे हैं।

गुप्ता जी : *(मजबूर मुस्कान के साथ)* मिल जायेंगे, आप कहीं जा थोड़े ही रहे हैं पप्पू जी।

(पान वाला गुप्ता जी की तरफ़ पान बढ़ाता है। शोहदा दो अचानक वह पान बीच में लपक लेता है गुप्ता जी उससे पान लेने को बढ़ते हैं तो वह उसे शोहदा एक की तरफ़ बढ़ा देता है। कुछ देर ऐसे ही चलता है। पप्पू दादा और दोनों शोहदे खूब हँसते हैं जबकि गुप्ताजी परेशान और शर्मिन्दा हैं।)

गुप्ता जी : देखिए न पप्पू दादा, आपके होते हुए ये दोनों हमें कैसे परेशान कर रहे हैं सुबह सुबह।

पप्पू दादा : *(हँसते हुए)* अबे रहने दो लौंडो। गुप्ता जी अपने ही मोहल्ले के हैं, शरीफ आदमी हैं। दे दो इनका पान।

शोहदा एक : *(पान बढ़ाता है)* लीजिए गुप्ता जी, अब पप्पू दादा ने कहा है तो।...

(पान देने के लिए बढ़ाता है। गुप्ता जी लेने के लिए हाथ बढ़ाते हैं, वह एक बार मुँह में रखने का नाटक करता है फिर हँस कर दे देता है। गुप्ता जी पान लेकर जल्दी से चले जाते हैं।)

शोहदा एक : *(हँसते हुए)* गुरु मज़ा आ गया सुबह सुबह।

पप्पू दादा : अच्छा ऐसा करो, तुम दोनों ज़रा यहीं थोड़ी देर टाइम पास करो, वैसे भी तुम्हारे पास काम ही क्या है, सारा दिन यहीं तो टाइमपास करते हो।

पान वाला : और मेरे पान खाते रहते हैं फ़्री में।

(इसी बीच पप्पू दादा जाता है।)

शोहदा एक : *(हाथ उठा कर)* क्या बोला बे? फ्री में? साले, ये जो पान का पैसा है न, ये समझ कि ये तेरा प्रोटेक्शन मनी है। हम सारा दिन यहाँ खड़े रहते हैं तेरी सुरक्षा में।

शोहदा दो : बेटा, जिस तरह से सरकार सुरक्षा के लिए पुलिस चौकी बैठाती है न, वैसे ही तेरी सुरक्षा के लिए पप्पू दादा ने यहाँ गुण्डा चौकी बैठा रखी है। चल, पान लगा एक मस्त–सा...

(तभी मंच के एक कोने से एक युवा लड़की अपने पिता का हाथ पकड़ कर विंग्स से आती है।)

शोहदा दो : भाई, देख देख, वो।... आ रही है वो...

(दोनों उसे देखकर गाने लगते हैं।)

दोनों शोहदे : दस बहाने करके ले गयी दिल, ओ लड़की ब्यूटीफुल कर गयी चुल...

(लड़की पास आते आते अपने पिता के पीछे छिपती हुई चलने लगती है।)

लड़की : पापा, देखिये ये गुंडे मवाली...कैसे देख रहे हैं?

पिता : जाने दे बेटी। अवॉयड कर इनको।

लड़की : पर पापा।

पिता : इनका तो काम ही पूरा दिन आवारागर्दी करना है, इनके मुँह कौन लगे?

लड़की : पर पापा, इन्हें कोई कुछ नहीं कहता है इसीलिए इनकी इतनी हिम्मत बढ़ गयी है।

पिता : हाँ, बेटी, किसी को तो इन गुण्डों पर लगाम लगानी चाहिए।

लड़की : आप क्यों नहीं इन्हें कुछ कहते हैं?

पिता : मैं? मैं?

लड़की : हाँ आप, आप नहीं कहते तो मैं कहती हूँ। मैं डाँटती हूँ इन्हें।

(तेज़ी से आगे उन शोहदों की तरफ़ जाती है।)

पिता : *(पीछे से)* अरे बेटी, सुन, सुन।

लड़की : शर्म नहीं आती तुम लोगों को इस तरह से लड़कियों के साथ बद्तमीजी करते हुए।

शोहदा एक : *(बेशर्मी से)* नहीं आती।

लड़की : जी करता है। चप्पल निकालकर दो लगाऊँ तुम्हारे। बेशर्म कहीं के।

(पिता आकर उसे पकड़ लेता है और खींचकर अलग ले जाने लगता है।)

पिता : जाने दे पप्पू दादा के आदमी हैं, पप्पू दादा बहुत ख़तरनाक, बहुत पॉवरफुल है। चल चल, यहाँ से चल... *(शोहदों से)* भाई माफ़ करना, माफ़ करना। पप्पू दादा से कुछ मत कहना। प्लीज *(लड़की गुस्से से इन दोनों शोहदों को घूरते हुए जाती है। दोनों थोड़ा परेशान हैं। पप्पू दादा आते हैं।)*

पप्पू दादा : क्या हुआ लौंडों, परेशान काहे हो?

शोहदा एक : कुछ नहीं दादा, वो कोने वाले मेहरा की छोरी ज़बान चला रही थी।

पप्पू दादा : एक छोरी से बातें सुन रहे थे, धत्त तेरे की। उधर मैं अभी छह–छह बदमाशों को एक साथ पीटकर उनकी अकड़ निकालकर आ रहा हूँ।

शोहदा दो : सच गुरु!

(शोहदा एक उसके सिर पर हलकी सी चपत जमाता है।)

शोहदा एक : पप्पू दादा कभी झूठ बोलते हैं? बेवकूफ़ कहीं का। छह बदमाशों की तो क्या बात है,

सुना है कि एक बार तो इन्होंने चाकू–छुरे लिए दस–बारह बदमाशों की खाट खड़ी कर दी थी। क्यों दादा सही में न?

(पप्पू दादा कुछ नहीं बोलता बस मुस्कराता रहता है।)

पप्पू दादा : अच्छा चलो, अब देर शाम हो गयी, चलो चलें। *(पान वाले से)* तू भी अपनी दूकान बढ़ा बे।

(सब जाते हैं। प्रकाश हल्का–सा कम होता है। फिर मंच पर एक तरफ़ से गुप्ता जी और दूसरी तरफ़ से लड़की के पिता रात के घूमने जैसे कपड़ों में आते हैं।)

लड़की का पिता : गुड इवनिंग गुप्ता जी, क्या इतनी देर से इवनिंग वॉक पर?

गुप्ता जी : क्या करें, मेहरा जी, जल्दी निकलो तो फिर उन्हीं गुण्डे मवालियों का मुँह देखना पड़ता है। हमेशा अपनी बेइज़्ज़ती का डर लगा रहता है।

लड़की का पिता : सच कह रहे हैं। अब हम लोग ठहरे शरीफ़ लोग, इन गुण्डों से क्या मुँह लगें।

गुप्ता जी : हाँ साहब, कितने क़िस्से सुने हैं इनकी दादागिरी, मारपीट के। पता नहीं पूरे शहर में किस–किस को मारा हुआ है।

लड़की का पिता: तभी तो मैं भी अवॉयड करता हूँ। घर में जवान बेटी है, पता नहीं ये ससुरे क्या उत्पात कर डालें।

गुप्ता जी : और पुलिस भी तो इन्हीं से मिली रहती है, उससे भी शिकायत करना इनसे पक्की दुश्मनी कर लेना है।

(पीछे से शोहदों और पप्पू के हँसने की आवाज़ें आती हैं।)

गुप्ता जी : मेहरा जी, वो मुझे याद आया कि मैं दूध गैस पर छोड़ आया हूँ, मैं निकलता हूँ, गुड नाइट।

लड़की का पिता : मैं भी चलता हूँ, ज़रा ज़ोर का प्रेशर बन गया है।

(दोनों जल्दी से निकल जाते हैं। गुप्ताजी उस तरफ़ जाने लगते हैं जहाँ से आवाज़ें आ रही हैं। पर फिर तेज़ी से घूमकर उसी तरफ़ जाते हैं जहाँ से मेहरा गये हैं।)

(पप्पू दादा और दोनों शोहदों का प्रवेश)

पप्पू दादा : आज तो बहुत मज़ा आया क्लब में, ख़ूब रुपये जीते।

शोहदा एक : दादा पार्टी शार्टी हो जाये तो रंग जम जाये।

शोहदा दो : पार्टी तो होनी चाहिए, आख़िर हम तो आपके ऐसे चेले हैं जो जहाँ आपका पसीना बहे, वहाँ अपना ख़ून बहा दें।

शोहदा एक : और नहीं तो क्या?

(एक नौजवान का प्रवेश, जो इधर–उधर देख रहा है।)

पप्पू दादा : कौन है भई, इधर आ बे...

नौजवान : देखिए ज़रा तमीज़ से बात कीजिए,

शोहदा एक : ये इनका तमीज़ में बोलने का ही स्टाइल है, बदतमीज़ी से बोलते तो अब तक तेरी माँ–बहन को याद कर चुके होते।

नौजवान : अरे! आप लोग तो ज़बर्दस्ती गले पड़ रहे हैं। मैं तो इस मोहल्ले में किसी का घर ढूँढ रहा हूँ।

पप्पू दादा : हम गले पड़ रहे हैं। साले, हमारे इलाक़े में आकर हमसे ऐसे बात कर रहा है।

नौजवान : ज़बान सँभालकर बात कीजिए।

शोहदा दो : ओये तू जानता नहीं पप्पू दादा को अभी। ज़्यादा चपड़–चपड़ करी तो मार–मारकर सीधा कर देंगे।

नौजवान : यार, सच में बिना बात के धमकी दे रहे हो। पर आप ये बात समझ लीजिए कि मैं भी दबने वाला नहीं हूँ।

(पप्पू दादा आस्तीन चढ़ाता हुआ उठ खड़ा होता है।)

पप्पू दादा : ऐसे न मानेगा तू। तुझे बताता हूँ कि मैं कौन हूँ।

(पप्पू दादा उसका कॉलर पकड़ता है। दोनों में हाथापाई शुरू होती है।)

शोहदा एक : भाई, मुझे तो मार पीट देख कर ही डर लग रहा है। पैर काँप रहे हैं।

शोहदा दो : इस लड़ाई का हमसे क्या मतलब। चुपचाप निकल चलो।

(पप्पू दादा और नौजवान लड़ते–लड़ते विंग से बाहर जाते हैं। उस समय देख कर ऐसा लगता है कि पप्पू दादा नौजवान पर हावी हो रहा है।)

(मंच ख़ाली है प्रकाश बदल रहा है और पीछे से लड़ाई की तेज़ आवाज़ें सुनायी देती हैं। साथ ही कुछ मोहल्ले वालों की भी।)

पप्पू दादा : साले, छोड़ूँगा नहीं, मार डालूँगा तुझे, पप्पू से पंगा।... ये ले, ये ले।

(मोहल्ले वालों में स्त्री पुरुष की घबरायी आवाज़।)

आवाज़ें : अरे, लगता है आज पप्पू दादा ने किसी पर हमला बोल दिया है। चलो घर में चलो, दरवाज़ा, खिड़की बन्द करो। लाइट भी बन्द कर दो, आज तो लगता है ख़ून–ख़राबा हो कर रहेगा।

कल सुबह पता चलेगा पप्पू दादा ने किसका ख़ून कर दिया।
(धीरे–धीरे सभी आवाज़ें शान्त होती हैं। मंच पर अँधेरा।)

दृश्य दो

(कुछ क्षण बाद सुबह होने के संकेत। गुप्ता जी और मेहरा यानी लड़की का पिता का प्रवेश।)

मेहरा : कल की रात तो बड़ी डरावनी रही गुप्ता जी, पता नहीं कब तक चली होगी मारामारी।

गुप्ता जी : हाँ, आवाज़ें तो बड़ी भयंकर आ रही थीं। पप्पू दादा ने जमकर कूटा होगा किसी को।

मेहरा : पता नहीं, किसकी शामत आयी थी। पप्पू दादा के गुस्से का शिकार होने के लिए। हम तो झटाझट लाइट, दरवाज़े, खिड़कियाँ बन्द करके अपने–अपने बिस्तर पर चुपचाप लेट गये थे डर के मारे।

गुप्ता जी : डरे हुए तो हम भी थे पर अन्दर ही अन्दर हल्की गुदगुदी भी हो रही थी

मेहरा : गुदगुदी?

गुप्ता जी : हाँ, लगा कि बड़े दिनों वह शुभ घड़ी आ गयी जब हमें अपने मोहल्ले में ख़ून ख़राबा होने का क़िस्सा पूरी ख़ुशी के साथ अपने परिचितों को सुनाने का मौका मिलेगा। *(विंग्स की तरफ़ देख कर)* अरे...
(तभी वे दोनों विंग्स की तरफ देखते हैं और चौंक जाते हैं। विंग्स में से दूसरी तरफ़ से मेहरा की लड़की आती है। सब ताज्जुब से विंग्स की

तरफ़ देख रहे हैं। धीरे धीरे दोनों शोहदे अपने कन्धों का सहारा दिये पप्पू दादा को लाते हैं जो बुरी तरह से पिटा हुआ लग रहा है। और एक जगह लिटा देते हैं।)

लड़की : ओह गॉड! ये क्या हुआ, कैसे हुआ?

गुप्ता जी : कब हुआ?

शोहदा एक : हमसे ये न पूछो। हाय–हाय! कल रात मोहल्ले में एक नया पंछी भटकता हुआ आया था उससे कुछ कहासुनी हुई और बस...

मेहरा : हम तो सोच रहे थे कि पप्पू दादा किसी का बैंड बजा रहे हैं, उल्टे इनको ही कोई ढोल की तरह पीट गया।

लड़की : देखो न कैसे ढेर हुए पड़े हैं जैसे किसी चमचमाती इललीगल बिल्डिंग का मलबा पड़ा हो।
व्हाट ए पिटी।
(गुप्ता जी मेहरा के कन्धे पर हाथ रख कर मंच के बीच में ले आते हैं।)

गुप्ता जी : एक राज़ की बात बताऊँ मेहरा जी।

मेहरा : क्या?

गुप्ता : जिसने इसे मारा होगा न वह ज़रूर कोई इससे बड़ा गुण्डा रहा होगा इसलिए ठोककर चला गया, शरीफ़ आदमी होता तो एक गुण्डे के मुँह कभी नहीं लगता, क़सम से।
(मेहरा गुप्ताजी के चेहरे की तरफ़ देखता है। लड़की ये बात सुनकर अपने सिर पर हताशा में हाथ मारती है। दोनों शोहदे पप्पू के ऊपर गिर पड़ते हैं।)
पप्पू कराह कर बोलता है : हाय!

समाप्त

हुज़ूर दिल्ली दूर है

पात्र–परिचय

अभय : आयु 40–45, एक उच्च पदस्थ व्यक्ति

सुषमा : आयु 35–40, अभय की पत्नी

रामलाल : आयु 45–50, अभय के दफ़्तर का चपरासी

जोशी : आयु 50 से अधिक, अभय का पड़ोसी

पन्ना बेन : आयु 35–40, सुषमा की गुजराती पड़ोसन व सहेली

दृश्य एक

(पर्दा खुलने पर एक ड्राइंग रूम का आभास देती व्यवस्था दिखायी देती है। अभय अख़बार पढ़ते हुए उसमें मुँह छिपाये बैठा है। अचानक सुषमा का बोलते हुए विंग्स से प्रवेश।)

सुषमा : अजी, मैंने कहा कुछ सुनोगे भी या यूँ ही शुतुरमुर्ग की तरह अखबार में मुँह गड़ाये बैठे रहोगे।

अभय : अरे भागवान, तुमने कभी किसी शुतुरमुर्ग को अख़बार पढ़ते देखा है? वैसे जबसे शादी हुई है, तबसे मेरे कानों के मंदिर में तुम्हारे मधुर स्वर की ही तो घंटियाँ बज रही हैं। फिर भला मैं न सुनूँगा तो कौन सुनेगा। कहो क्या बात है?

सुषमा : *(झल्लाकर)* कभी तो सीधा जवाब दिया करो। अपने आपको न जाने कहाँ का राजा बीरबल समझते हो। हर बात को जलेबी तरह गोल–गोल घुमाकर कहने में ही शान समझते हो।

अभय : चलो छोड़ो इस बात को और यह बताओ कि तुमने सुबह–सुबह अपना यह मधुर शास्त्रीय आलाप किसलिए लगाया है?

सुषमा : *(थोड़ा खुशामदी स्वर)* अम्मा का कॉल आया था।

अभय : (ख़ुश होकर, मेरी अम्मा का?

सुषमा : नहीं, मेरी अम्मा का।

अभय : *(उपेक्षा से)* तो इतनी छोटी–सी बात के लिए हंगामा क्यों खड़ा कर रखा है? वे तो रोज़ कॉल करती हैं, अपनी बेटी के कान भरने के लिए।...

हेलो सुषमा मेरी बच्ची...आज तो परेशान नहीं किया तुझे उस नालायक ने।

सुषमा : नालायक नहीं, दुष्ट ने, उस दुष्ट ने...

अभय : *(थोड़ा गुस्से से)* हूँ...ये इज़्ज़त है दामाद की!

सुषमा : अरे मेरी बात तो सुनो...*(खुशी के साथ)* पता है मेरे छोटे भाई की शादी तय हो गयी है।

अभय : अच्छा? मतलब उस लफ़ंगे को भी मिल गयी कोई लफ़ंगी।

सुषमा : लफ़ंगा नहीं है...डॉक्टर है, डॉक्टर। सात दिन बाद सगाई है। इसलिए अम्मा ने हम दोनों को दिल्ली बुलाया है इस मौक़े पर।

अभय : क्यों? मुझे क्यों बुलाया है? दरी चादर को उठाने, बिछाने के लिए?

सुषमा : आप पता नहीं क्या–क्या सोचते रहते हैं। वे तो आपकी कितनी इज़्ज़त करते हैं।

अभय : तभी तो दुष्ट कहते हैं, वाह कितनी इज़्ज़त?

सुषमा : अब आप कुछ भी कहो, मैं तो ज़रूर जाऊँगी और आपको भी चलना पड़ेगा।

अभय : तुमने कुछ कहने के लिए छोड़ा भी है भीष्म पितामह की महिला संस्करण। जो ज़िद सवार हो गयी, हो गयी।

सुषमा : देखो जी, आप अपनी बातों के मछली–जाल में मुझे फँसाने की कोशिश मत करो। ससुराल जाने के नाम से ही आपका दम निकलने लगता है।

अभय : *(बात काटते हुए)* जान–बूझकर मुसीबत में कौन जाता है?

सुषमा : रहने दो, रहने दो। दो साल से आप छुट्टी न मिलने का बहाना करके दिल्ली जाना टालते रहे हो। पर इस बार आपकी एक न चलेगी। मैं हर हाल में जाऊँगी।

अभय : पर समझो तो सही...

सुषमा : मुझे कुछ नहीं समझना है। जो समझना है वह आप समझो। मुझे जाना है तो जाना है। आप ऑफ़िस जाकर अपने बॉस को समझाओ जो समझाना है। और शाम को दिल्ली जाने के लिए छुट्टी लेकर ही घर में घुसना वर्ना समझ लेना कि आज से इस घर में खाना–पीना बन्द...वह भी मेरा नहीं आपका।

अभय : यार, किस हंटरवाली से पाला पड़ा है, अच्छा बाबा, कोशिश करूँगा। पर वायदा नहीं करता। आख़िर ऑफ़िस मुझे दहेज तो मिला नहीं जो ससुराल जाने के नाम से खुश हो जाये।

सुषमा : *(कर्कश स्वर)* अब समय क्यों बिगाड़ रहे हो? ऑफ़िस नहीं जाना क्या? चलो जल्दी से तैयार हो जाओ। देर हो गयी तो कहोगे मैंने देर करा दी।

अभय : हो रहा हूँ, मेरा टिफ़िन तैयार कर दो जल्दी से। *(दोनों विंग्स में एक तरफ़ जाते हैं।)*

दृश्य दो

(वही सेट है। अभय का प्रवेश।)

अभय : *(ऊँचे स्वर में।)* बधाई हो, श्रीमती जी बधाई हो... *(अन्दर से सुषमा का हाथ में बेलन लिए प्रवेश।)*

सुषमा : क्या हुआ? क्या हुआ?

अभय : तुम्हारा मायका–प्रेम जीत गया, हमारा ऑफिस हार गया। अपना दिल्ली जाना पक्का हुआ।

सुषमा : अरे सच! विश्वास नहीं होता... *(ये कहते हुए अभय के पास आ जाती है और बेलन घुमाती है, अभय डरकर पीछे हटता है।)*

अभय : विश्वास तो करना ही पड़ेगा मलिका–ए–औलिया। बन्दा आपके लिए हिमालय की चोटी से बर्फ लाकर ठण्डा शरबत बना सकता है तो फिर कुछ दिनों की छुट्टी कौन–सी बड़ी बात है।

सुषमा : रहने दो। सुबह तो कैसे घिघिया रहे थे और अब ख़ामख़ाह बहादुरी झाड़ रहे हो। सच–सच बताओ आपको छुट्टी मिली कैसे?

अभय : बस बेगम यूँ समझो कि बिल्ली के भागों छींका फूटा।

सुषमा : अब ये बिल्ली किसे कह रहे हो?

अभय : कहावत है, डिअर, कहावत। तुम खामख्वाह अपना ज़िक्र समझ बैठीं।

सुषमा : अच्छा चलो, आगे बोलो।

अभय : जानेमन, दरअसल हुआ यह कि सुबह जब मैं अपने बॉस के केबिन में दाख़िल हुआ तो वे मोबाइल पर किसी से कह रहे थे कि उन्हें एक छोटा–सा बॉक्स दिल्ली में रह रहे अपने बेटे को भिजवाना है पर कोई पहुँचाने वाला भरोसे का आदमी नहीं मिल रहा है। मैंने यह सुना तो तड़ से मौका ताड़ा और कहा, "मेरे आका यह काम आपका यह गुलाम करेगा।" बस लग गया तीर निशाने पर, हो गयी छुट्टी सैंक्शन, वह भी पूरे छह दिन की। कहो, कैसी रही?

सुषमा : ठीक रही पर, एक फालतू काम भी तो लग गया साथ में।

अभय : ये तो छोटा–सा काम है। घबराती क्यों हो?
(नेपथ्य से दरवाज़े पर थपथपाहट और रामलाल का स्वर।)

रामलाल : साहब, साहब, दरवाज़ा खोलिए। दरवाज़ा खोलिए।
(अभय विंग्स की तरफ़ जाते हुए।)

अभय : आता हूँ, आता हूँ। क्यों मेरे दरवाज़े को परायी छाती समझकर कूट रहे हो। आता हूँ।
(अभय विंग्स से बाहर जाता है। वहाँ से रामलाल की आवाज़ सुनायी देती है।)

रामलाल : देख क्या रहे हैं? अरे, ज़रा आप भी हाथ लगाइए साहब।
(रामलाल और अभय एक बड़े से बक्से को ज़ोर लगाकर उठाये हुए अन्दर आते हैं। बक्सा उठाने में अभय की हालत ख़राब लग रही है।)

अभय : रामलाल। ये इतना बड़ा बक्सा उठा कर मेरे घर क्यों लाये हो?

रामलाल : आपके लिए है तो आपके घर ही लाऊँगा न!

अभय : हूँ, क्यों लाये हो? अब जल्दी से इसे कहीं रखवा दीजिए। हाथ दुःख गये हैं इसे उठाकर।
(बक्से को विंग्स की तरफ़ जाते रास्ते पर एक जगह रखते हैं। सुषमा भी आश्चर्य से देख रही है।)

सुषमा : अरे, अरे, उस तरफ़ कहाँ रख रहे हैं। सारा रास्ता बन्द हो जायेगा। वहाँ रखिये।
(दोनों फिर थोड़ा ज़ोर लगाकर उठाते हैं और दूसरी तरफ़ रखते हैं।)

अभय : भाई रामलाल, अब तो बताओ, ये बक्सा किसका है और इसे यहाँ क्यों लाये हो?

रामलाल : ज़्यादा अनजान मत बनिए साहब। ये बक्सा बड़े साहब ने भिजवाया है। यही वह बक्सा है जो दिल्ली में उनके बेटे को देना है।

अभय : *(चौंककर एक साथ)* इतना बड़ा बक्सा!

अभय : *(हकलाते हुए)* इतना बड़ा बक्सा जायेगा कैसे?

रामलाल : ये तो आप जानो साहब। मैं तो चला। नमस्ते। *(रामलाल चला जाता है। पर फिर विंग्स में जाकर एक बार फिर वापस आता है।)*

रामलाल : बक्सा सँभाल कर पहुँचाइएगा। बॉस ने कहा है। *(और हँसता हुआ चला जाता है।)*

सुषमा : *(व्यंग्य से)* बस छोटा–सा बॉक्स पहुँचाना है। आ गया तुम्हारा छोटा–सा बॉक्स! अब इसे बग़ल में दबाकर ले जाना दिल्ली। *(गुस्से से)* जो काम करते हो, ऊटपटाँग करते हो।

अभय : *(शर्मिन्दा–सा,)* अब मुझे क्या पता था कि साहब पहाड़ को राई बनाकर बता रहे हैं। अच्छी खजूर में अटके वाली हालत हो गयी। क्या करूँ?

सुषमा : मना कर दो बॉस को। हमें नहीं ले जाना इस मालगाड़ी को अपने साथ।

अभय : *(घबराकर)* मना कर दूँ? यानी कि जान बूझकर अपना सिर शेर के जबड़े में दे दूँ। न भई, मुझसे न होने का यह। अब तो इस मुसीबत को किसी तरह से ढोना ही पड़ेगा। चलो देखेंगे। ऐसा करते हैं कि हम अपना सामान बस एक झोले में ले चलेंगे।

सुषमा : कैसी बात करते हैं आप? सगाई में जा रहे हैं, किसी की तेरहवीं में नहीं। ऐसे फटेहाल जायेंगे? *(दरवाज़े पर फिर थपथपाहट और साथ जोशी का स्वर।)*

जोशी : अरे भाई घर पर हैं क्या?

अभय : आ जाइये, दरवाज़ा खुला है।

जोशी : *(अन्दर आते हुए)* नमस्कार, नमस्कार अभय जी।

अभय : आइये, आइए जोशी जी।

जोशी : बन्धू, अब तो हम आ ही गये हैं इसलिए आप इतना आग्रह करके ना बुलाएँ। हमें बहुत संकोच हो रहा है, ईमान से।

सुषमा : नमस्ते जोशी जी।

जोशी : अरे भाभी जी, नमस्ते का तकल्लुफ़ न किया करें वरना क्या है कि हमें भी नमस्ते करनी पड़ती है, ईमान से। फिर भला घरवालों से कैसी औपचारिकता। क्यों अभय जी?

अभय : *(गड़बड़ाकर)* जी हाँ, जी हाँ। आप कहिए कैसे तकलीफ़ की आने की?

जोशी : अजी, हमें तकलीफ़ कैसी, ईमान से। आपको भले ही हो। दफ़्तर में हमने सुना कि आप दिल्ली जा रहे हैं। ईमान से, हमने तो तभी समझ लिया था कि ज़रूर कोई बुरी ख़बर होगी नहीं तो किसी को ख़ुशी से एक कप चाय भी न पिलाने वाला आदमी हज़ारों रुपये क्यों ख़र्च करने पर उतर आया एक़दम से? सब ख़ैरियत तो है न?

अभय : अभी तक तो सब ख़ैरियत है। बल्कि ख़ुशी की बात है, साले की सगाई है, बस उसी में जा रहे हैं।

जोशी : बड़ी ख़ुशी की बात है। ज़रूर जाइए। ईमान से हमने भी बाद में यही सोचा था, शायद कोई ख़ुशी की बात होगी। इसलिए सोचा चलो चलकर मिठाई खा आयें। अब भाई, आपने तो हमें जानकारी नहीं दी थी पर हमें तो अपना फ़र्ज़ निभाना था। है कि नहीं?

अभय : अरे सुनो, ज़रा मुँह तो मीठा कराओ जोशी जी का।

सुषमा : लाती हूँ मिठाई।

जोशी : छोड़िए भी मिठाई की बात। बस आप तो मेरा एक छोटा–सा काम कर दीजिए।

अभय : जी, कहिये।

जोशी : आप दिल्ली जा रहे हैं तो हमारी एक–दो चीज़ें ख़रीदते लाइएगा। सुना है, वहाँ अच्छी और सस्ती मिलती हैं। आपकी भाभी की ख़ास फ़रमाइश है। ना मत कहियेगा ईमान से, वर्ना हमारा पत्थर–सा दिल मक्खन बनकर पिघल जायेगा।

सुषमा : देखिये जोशी जी, हम कुल छह दिन के लिए जा रहे हैं। इस बीच और भी बहुत काम हैं। कई जगह जाना है। सभी रिश्तेदारों से मिलना है। फिर आपका काम...शायद सम्भव नहीं हो पायेगा।

जोशी : अजी, आप दिल्ली जा ही रहे हैं इसलिए हम आपसे रिक्वेस्ट कर रहे हैं। आपको खासतौर से अपने काम के लिए नहीं भेज रहे हैं जो यूँ माइक्रोवेव की तरह से गर्म हो रहे हैं। वेदों में कहा गया है कि मित्र ही मित्र के काम आता है। पर लगता है कि आप हमारे मित्र नहीं हैं वरना ऐसा अशुभ कभी नहीं बोलते, ईमान से।

अभय : *(हारकर)* अच्छा बताइए क्या लाना है?

जोशी : *(खुश होकर)* अब आये न लाइन पर, यह एक छोटी–सी लिस्ट है *(जेब से एक मुड़ा हुआ काग़ज़ निकाल कर देता है।)* इसे आप रख लीजिए। मैं चलता हूँ। अभी ज़रा जल्दी में हूँ। दिल्ली से वापस आने पर सामान घर पर आकर दे जाइएगा। अच्छा, शुभ यात्रा।

(जोशी तेज़ी से निकल जाता है।)

सुषमा : दिखाना तो ज़रा, क्या लिस्ट है?

(सुषमा काग़ज़ लेकर पहले कुछ क्षण चुप रह कर पढ़ती है।)

सुषमा : हे भगवान! वे सामान मँगाने की लिस्ट दे गये हैं या अपने दहेज की सूची! एक लैपटॉप टॉप क्वालिटी का, दो ब्रॉंडेड मेकअप बॉक्स, एक एल.ई.डी. वाला झूमर छोटा–सा, डबल एक्स.एल. साइज़ की दो ब्रांडेड टी–शर्टस, एक सीलिंग फ़ैन रिमोट वाला...और...

अभय : इतना सारा सामान, और कम्बख़्त पैसे भी नहीं देकर गया। अरे मैडम, कैसे होगा यह?

सुषमा : मैं क्या जानूँ? तुम्हारे दोस्त हैं, तुम्हीं निपटो इससे *(हल्के स्वर में भुनभुनाती है)*। न जाने कैसे–कैसे दोस्त पाल रखे हैं, एक भी दोस्त ढंग का नहीं है। *(इतने में श्रीमती पन्ना देसाई का प्रवेश।)*

पन्ना : *(जोश से)* केम छो अभय भाई। केम छो सुषमा बेन?... मजा मा?

सुषमा : अरे पन्ना बेन...आओ, आओ...

पन्ना : *(वहाँ रखे बक्से को छूकर)* क्या बात है? कहीं जाने की तैयारी हो रही है?

सुषमा : नहीं, हम तो कहीं नहीं जा रहे हैं।

पन्ना : *(हलके से हँसते हुए)* अब दाई से पेट न छिपाओ, अभी–अभी जोशी भाई आये थे हमारे घर। उन्होंने बताया कि आप लोग छुट्टियाँ मनाने के लिए दिल्ली जा रहे हैं। सच्ची, कितनी ख़ुशी की बात है। और आप हैं कि इस पर पर्दा डाल रही हैं।

सुषमा : पन्ना बेन, हम वहाँ छुट्टियों पर नहीं जा रहे हैं। वहाँ मेरे छोटे भाई की सगाई है। इसलिए घर के काम से जा रहे हैं।

पन्ना : बहु सारू। बहुत अच्छा, बधाई हो जी। यह तो खुशी की बात है। मेरा तो कोई छोटा भाई है नहीं वर्ना हम भी उसकी सगाई में जाते। *(हँसती है)* आप बहुत लकी हैं।

अभय : ख़ैर आप सुनाइए क्या हाल हैं आपके?

पन्ना : हाल क्या अभय भाई। बहुत दिनों से ग़ाज़ियाबाद में रहने वाली मेरी बहन का कोई समाचार नहीं मिला है। उसका मोबाइल भी बन्द आ रहा है। आप तो जानते हैं कि वह वहाँ अकेली रहती है। बड़ी फ़िक्र लगी रहती है उसकी। अब आप दिल्ली तक जा ही रहे हैं तो मेहरबानी करके एक दिन हमारे लिए निकालकर ग़ाज़ियाबाद जाकर उसके हालचाल भी पता करते आइयेगा।

सुषमा : *(चिन्तित स्वर में)* लेकिन पन्ना बेन ग़ाज़ियाबाद जाने में तो पूरा एक दिन लग जायेगा। आख़िर दिल्ली के पास ज़रूर है लेकिन इतने पास भी नहीं कि टहलते–टहलते चले गये। आप लेटर क्यों नहीं डाल देती हैं?

पन्ना : अजी, आजकल डाक की चिट्ठियों का भरोसा नहीं और कूरियर से चिट्ठी भेजना बहुत महँगा हो गया है। इतना पैसा कौन ख़र्च करे? आप उस तरफ़ जा ही रहे हैं तो थोड़ा और उस तरफ़ चले जाना। अपनी ग़र्ज़ है इसलिए आपकी ख़ुशामद कर रही हूँ वरना आप तो जानते हैं मैं किसी ऐरे, गैरे से कुछ कहती नहीं।

सुषमा : पर...

पन्ना : पर–वर छोड़िए...बस मेरा इतना–सा काम तो आपको करना ही होगा। ये लीजिए उसका पता और मेरा ख़त उसके नाम। (पर्स से निकालकर देती है।) ख़त में मैंने लिख दिया है कि उसे मेरे

लिए जो भी भिजवाना हो वह आपके हाथ भिजवा सकती है। मुझे आप पर पूरा भरोसा है।... अच्छा अब चलती हूँ...बहुत काम है। आवजो।

(पन्ना जाती है।)

सुषमा : *(मरे स्वर में)* आवजो।

अभय : *(जले स्वर में)* लो, अब तो तुम्हारी सहेली छुरी चला गयी, वह भी कैसे प्यार से।

सुषमा : आग तो तुम्हारे उस नारद मुनि के आधुनिक संस्करण जोशी ने ही लगाई है।

(पन्ना का पुनः प्रवेश)

पन्ना : सुषमा बेन, माफ़ करना एक बात तो रह गयी।

अभय : *(घबराये स्वर में)* एक बात और?

पन्ना : घबराओ नहीं अभय भाई, बस मैं तो यह पूछ रही थी कि अभी आप लोग घर से बाहर तो नहीं जा रहे हैं?

सुषमा : नहीं तो, पर क्यों?

पन्ना : अरे भई, आपके दिल्ली जाने की ख़ुशख़बरी मैंने विमला, कमला और कुमुद को भी बतायी है। आप तो जानते ही हैं कि मैं कितने खुले स्वभाव की हूँ। मन में कुछ छिपाकर रख ही नहीं सकती हूँ, और वैसे भी खुशी तो बाँटने से ही बढ़ती है। अब वे सब भी आपसे मिलने आती ही होंगी। *(हल्के से हँसकर)* अच्छा घर पर ही रहना। *(विंग्स तक जाती है, फिर पलटकर आती है)* पर उनके कामों में मेरे काम को भूल मत जाना। *(जाने लगती है)* आवजो सुषमा बेन, आवजो अभय भाई।

(पन्ना बेन जाती है।)

अभय : *(गहरी साँस लेते हुए)* जब कहीं जाने के क़ाबिल नहीं रखा तब काहे का आवजो।